CANTIQUES

A L'USAGE

DES MISSIONS

DU DIOCÈSE DE CARCASSONNE.

CARCASSONNE,

LIBRAIRIE ECCLÉSIASTIQUE DE GADRAT,

Rue de la Mairie, 44.

1860.

CANTIQUES

A L'USAGE

DES MISSIONS

DU DIOCÈSE DE CARCASSONNE.

CARCASSONNE,

LIBRAIRIE ECCLÉSIASTIQUE DE GADRAT,

Rue de la Mairie, 44.

1860.

On trouve dans la même Librairie :

CHANTS A MARIE, seconde partie, musique du R. P. LAMBILLOTE, 1 vol. in-8º, Prix....... 5 fr.

MESSE EN *RÉ*, à 3 voix, avec accompagnement de quatuor, arrangée pour être accompagnée par l'orgue seul, par LABAT DE SÉRÈNE,.... 12

MESSE EN *FA*, à 3 voix, avec accompagnement de basse *ad libitum*, par LABAT DE SÉRÈNE, 10

MESSE EN *SI*, à 3 voix, avec accompagnement de basse *ad libitum*, par LABAT DE SÉRÈNE, 12

CANTIQUES

A L'USAGE

DES MISSIONS

DU DIOCÈSE DE CARCASSONNE,

Nᵒ 1. — POUR L'OUVERTURE D'UNE MISSION.

Un Dieu vient se faire entendre,
Quelle ineffable faveur !
A sa voix il faut vous rendre,
Et répondre à son ardeur.
Accourez, peuple fidèle,
Voici les jours du Seigneur ;
Quand sa bonté vous appelle,
Ne fermez pas votre cœur.

A chaque strophe on répète : Accourez, etc,

Dans l'état le plus horrible
Le péché vous a réduits :
Mais, à vos malheurs sensible,
Dieu vers vous nous a conduits.

Sur vous il fera reluire
Un rayon de sa clarté ;
Dans vos cœurs il va produire
Le feu de la charité.

Trop longtemps, hélas ! le crime
Eut pour vos cœurs des attraits :
Qu'un saint désir vous anime
A le bannir pour jamais !

Loin de vous toute injustice !
Plus de haine et de fureurs ;
Que rien d'impur ne ternisse
Ni votre esprit ni vos mœurs.

Quel bonheur inestimable,
Si, plein d'un vrai repentir,
De son état misérable
Tout pécheur voulait sortir !

Ah ! Seigneur, qu'enfin se fasse
Ce changement souhaité !
Dans nos cœurs, par votre grâce,
Descendez, Dieu de bonté.

Brisez de ces cœurs rebelles
La coupable dureté :
Grand Dieu ! rendez-les fidèles
A suivre la vérité.

Refrain pour les missions.

Accourez, peuple fidèle,
Venez à la mission :
Le Seigneur, qui vous appelle,
Veut votre conversion.

____

N° 2. — AVANT LE SERMON.

Esprit-Saint, descendez en nous ;   *bis.*
Embrasez notre cœur de vos feux,
    De vos feux   } *bis.*
    Les plus doux.
Sans vous notre vaine prudence
Ne peut, hélas ! que s'égarer ;
Ah ! dissipez notre ignorance,   *bis.*
    Esprit d'intelligence,
    Venez nous éclairer.   *bis.*
Refr. Esprit-Saint, descendez en nous, etc.

Le noir enfer, pour nous livrer la guerre,
Se réunit au monde séducteur ;
Tout est pour nous embûches sur la terre,
Soyez, soyez notre libérateur.   *bis.*
Refr. Esprit-Saint, etc.

Enseignez-nous la divine sagesse ;
Seule elle peut nous conduire au bonheur,
Dans ses sentiers qu'heureuse est la jeunesse, } *bis.*
Qu'heureuse est la vieillesse !
Refr. Esprit-Saint, etc.

No 3. — MÊME SUJET.

Esprit-Saint, comblez nos vœux
   Embrasez nos âmes
   Des plus vives flammes ;
Esprit-Saint, comblez nos vœux,
   Embrasez nos âmes
   De vos plus doux feux,
   Esprit-Saint, etc.
Seul auteur de tous les dons,
De vous seul nous attendons
   Tout notre secours,
   Dans ces saints jours.
   Esprit-Saint, etc.
Sans vous, en vain du don des cieux,
   Les rayons précieux
   Brillent à nos yeux ;
   Sans vous notre cœur
   N'est que froideur.
   Esprit-Saint, etc.

Par le R. P. DE BONNAFOS DE LA TOUR, natif de Montréal.

No 4. — MÊME SUJET.

Refrain. Esprit-Saint, Dieu de lumière,
O vous que nous invoquons !
Venez des cieux sur la terre,
Comblez-nous de tous vos dons.
Accordez-nous cette sagesse
Qui ne cherche que le Seigneur ;
Que notre étude soit sans cesse
De lui soumettre notre cœur.
   Esprit-Saint, etc.

Donnez-nous cette intelligence,
Ce don qui fait connaître au cœur
De la foi toute l'excellence,
Et du crime toute l'horreur.
   Esprit-Saint, etc.

Venez, inspirez-nous la force
D'aimer Dieu, d'observer sa loi ;
Et qu'en vain le monde s'efforce
D'éteindre dans nos cœurs la foi.
   Esprit-Saint, etc.

N° 5. — MÊME SUJET.

1. Venez, venez créateur de nos âmes,
   Venez, du céleste séjour,
   Embrasez-nous de vos célestes flammes,
   Remplissez-nous de votre amour.

Chœur. {
   Reine des cieux, vierge immortelle
   Priez Jésus notre Sauveur,
   De nous donner une étincelle
   Du feu brûlant de votre cœur.

2. Versez en nous, ô source intarissable,
   Les dons augustes du Seigneur ;
   Venez, venez, consolateur aimable,
   Nous apporter le vrai bonheur.
   Reine des cieux...

3. Venez changer la face de la terre,
   Eclairez-nous, divin flambeau ;
   Instruisez-nous et du haut de la chaire,
   Créez en nous un cœur nouveau.
   Reine des cieux...

4. Nous entendrons votre sainte parole,
   Avec humble docilité ;
   Parlez, parlez, votre voix nous console,
   Parlez, esprit de vérité.
   Reine des cieux...

G*****.

N° 6. — SUR LA LOI DU SEIGNEUR.

Chœur. {
   Ecoute, âme fidèle, écoute
   La voix de ton créateur ;
   Ecoute, âme fidèle, écoute
   Les leçons de ton Sauveur.   (Fin).
   Grave dans ton cœur
   Ses commandements,
   Qui dans tous les temps
   Feront ton bonheur.   Ecoute, etc.

1. C'est le Seigneur, chrétiens, qui nous appelle
   Pour nous dicter sa sainte volonté ;
   Prêtons l'oreille à sa voix paternelle,
   Recueillons-nous devant sa majesté.
   Ecoute, etc.

2. « Aimez, mortels, Aimez Dieu, votre père,
    Que sur vos cœurs il règne en souverain ;
    Soumettez-lui toute flamme étrangère,
    Aimez Dieu seul comme l'unique bien. »
      Ecoute, etc.

3. « Vous aimerez le prochain votre frère
    Du tendre amour que vous avez pour vous ;
    Vous l'aimerez seulement pour me plaire ;
    N'oubliez pas un précepte si doux. »
      Ecoute, etc.

G*****.

N° 7. — EN COMMENÇANT L'EXERCICE DU SOIR.

Le soleil vient de finir sa carrière,
Comme un instant ce jour s'est écoulé.
Jour après jour, ainsi la vie entière
S'écoule et passe avec rapidité. *Refrain.*

A chaque instant l'éternité s'avance :
Travaillons-nous à nous y préparer ?
De nos péchés faisons-nous pénitence ?
Et savons-nous du moins les abjurer ?
    Le soleil, etc.

Si cette nuit le souverain Arbitre
Nous appelait devant son tribunal,
A sa clémence avons-nous quelque titre ?
Que lui répondre en cet instant fatal ?
    Le soleil, etc.

Le cœur touché d'un repentir sincère,
Pleurons, pleurons les fautes de ce jour,
D'un Dieu vengeur désarmons la colère,
Un cœur contrit regagne son amour.
    Le soleil, etc.

N° 8. — POUR L'ÉLÉVATION ET LA BÉNÉDICTION.

Dans ce profond mystère,
Où la foi sait te voir,
Tout en nous te révère,
Tu fixes notre espoir ;

Refrain.

A la fin de la vie,
Divine Eucharistie,
Nourris par toi du pain d'amour,
Dans la cité chérie
Nous te verrons un jour.

Puisse notre tendresse
Obtenir de ton cœur
La sublime sagesse
Qui mène au vrai bonheur !
A la fin de la vie, etc.

Que tout en nous s'unisse
Pour chanter tes bienfaits ;
Que ta bonté bénisse
Nos vœux et nos souhaits.
A la fin de la vie, etc.

Sur nous daigne répandre
Tes bénédictions ;
Et fais-nous bien comprendre
La grandeur de tes dons.
A la fin de la vie, etc.

Nº 9. — MÊME SUJET.

Spectacle ravissant !   *bis.*
Le Dieu de la nature
Contemple en ce moment   *bis.*
Son humble créature.
Oui, l'Eternel, le Roi des cieux,
Pour nous est présent en ces lieux.
Oh ! quel bonheur !
Oh ! quel honneur !   *bis.*
Donnons-lui notre cœur.

Aimons ce Dieu d'amour,   *bis.*
C'est le meilleur des pères :
Dans cet heureux séjour,   *bis.*
Touché de nos misères,
Il veut combler de ses présents,
Il veut bénir tous ses enfants.
Oh ! quel bonheur !
Oh ! quel bonheur !   *bis.*
Donnons-lui notre cœur.

N° 10. — MÊME SUJET.

Que cette voûte retentisse
Des voix et des chants des mortels;
Que tout ici s'anéantisse,
Jésus paraît sur sur nos autels.
} bis.

Quoique caché dans ce mystère
Sous les apparences du pain,
C'est notre Dieu, c'est notre Père,
C'est le Sauveur du genre humain.
} bis.

O divin époux de nos âmes!
Dans cet auguste Sacrement,
Embrasez-nous tous de vos flammes
En vous faisant notre aliment.
} bis.

N° 11. — MÊME SUJET.

O Roi des cieux!
Vous nous rendez tous heureux,
Vous comblez tous nos vœux
En résidant pour nous dans ces lieux.

Prodige d'amour,
Dans ce séjour
Vous vous immolez pour nous chaque jour;
A l'homme mortel
Vous offrez un aliment éternel.
O Roi des cieux! etc.

Seigneur, vos enfants
Reconnaissants
Vous offrent les plus tendres sentiments,
Leurs cœurs sans retour
Veulent brûler du feu de votre amour.
O Roi des cieux! etc.

Chantons tous en chœur :
Amour, honneur
A Jésus, notre aimable Rédempteur!
Chantons à jamais
De son amour les éternels bienfaits.
O Roi des cieux, etc.

N° 12. — MÊME SUJET.

Salut, fils du Très-Haut, salut Dieu de clémence !
L'univers est rempli de tes dons immortels,
Ton sang pour les humains coule sur nos autels,
Et ton divin amour m'offre un bonheur immense.

Tu ne viens plus, Seigneur, armé de ton tonnerre,
Et comme au Sinaï brillant de ta splendeur,
Tu descends parmi nous, victime de douleur,
Tu caches ton éclat et consoles la terre.

Nos cœurs de tes bienfaits conservent la mémoire ;
Sur ces terrestres bords daigne guider nos pas.
Conduits par ta lumière, appuyés sur ton bras,
Nous entrerons, grand Dieu, dans le sein de ta gloire.

Par l'abbé C.....

N° 13. — VISITES AU SAINT-SACREMENT.

Courbons nos fronts respectueux ;
Sous ces voiles mystérieux
L'amour cache le Roi des cieux.
Unissons nos joyeux cantiques
Aux accents des cœurs angéliques !
O Jésus ! nous le jurons tous :
Nous n'aimerons jamais que vous.

Honneur au Pontife immortel
Qui, chaque jour, au saint autel,
S'offre en sacrifice éternel :
Pour nous communiquer la vie,
Il vit et meurt en cette hostie.
O Jésus ! nous le jurons tous :
Nous n'aimerons jamais que vous.

Tendre Pasteur, de vos enfants
Ecoutez les humbles accents ;
Bénissez-les dans tous les temps.
Ils vous ont loué dès l'aurore,
Le soir ils vous loueront encore.
O Jésus ! nous le jurons tous :
Nous n'aimerons jamais que vous.

N° 14. — SENTIMENTS DE CONTRITION.

Mon doux Jésus, enfin voici le temps
De pardonner à nos cœurs pénitents :
    Nous n'offenserons jamais plus   } *bis.*
     Votre bonté suprême,
       O doux Jésus.   *bis.*

Puisqu'un pécheur vous a coûté si cher,
Faites-lui grâce, il ne veut plus pécher.
    Ah ! ne perdez pas cette fois   } *bis.*
     La conquête admirable
       De votre croix.   *bis.*

Enfin, mon Dieu, nous sommes à genoux,
Pour vous prier de nous pardonner tous ;
    Pardonnez-nous, ô Dieu clément,   } *bis.*
     Lavez-nous de nos crimes
       Dans votre sang.   *bis.*

N° 15. — MÊME SUJET.

Mon Dieu, mon cœur, touché
    D'avoir péché,
    Demande grâce ;
Joignez à vos bienfaits
L'oubli de mes forfaits :
Je n'ose plus du ciel contempler la surface.
   Pardon ! mon Dieu, pardon ! mon Dieu, pardon !
Mon Dieu, pardon ! vous êtes un Dieu bon.   *bis.*

    Ah ! pouvant expirer
     Sans implorer
     Votre clémence,
J'allais traîner mes fers
Dans le fond des enfers :
N'exercez pas, mon Dieu, votre juste vengeance.
Pardon ! etc.

    Vous me disiez souvent :
     Viens, mon enfant,
     Ma voix t'appelle.
J'allais à mes plaisirs,
Au gré de mes désirs ;
Et depuis si longtemps vous souffrez un rebelle !
Pardon ! etc.

N° 16. — MÊME SUJET.

Seigneur, Dieu de clémence,
Reçois ce grand pécheur,
À qui la pénitence
Touche aujourd'hui le cœur;
Vois d'un œil secourable
L'excès de son malheur,
Et d'un cœur trop coupable *b.*
Accepte la douleur.

Je suis un infidèle
Qui méconnus tes lois,
Un perfide, un rebelle
Qui péchai mille fois;
Jamais dans l'innocence
Je n'ai coulé mes jours :
Toujours plus d'une offense *b.*
En a terni le cours.

Chargé de mille crimes,
Souvent j'ai mérité
D'entrer dans les abîmes
Pour une éternité;
J'ai peu craint la colère
De ton bras irrité;
Mais cependant j'espère, *bis.*
Seigneur, en ta bonté.

Lorsqu'à ton indulgence
Un coupable a recours,
Des traits de la vengeance
Ton cœur suspend le cours;

Rempli de confiance,
J'ose venir à toi :
Au nom de ta clémence, *bis.*
Grand Dieu, pardonne-moi.

Hélas! quand je rappelle
Combien je fus pécheur,
Une douleur mortelle
S'empare de mon cœur.
Par quel malheur extrême
Ai-je offensé souvent
Un Dieu la bonté même, *bis.*
Un Dieu si bienfaisant?

Fuis loin, péché funeste,
Dont je fus trop charmé;
Péché, je te déteste
Autant que je t'aimai.
O Dieu, mon tendre Père !
Tu vois mon repentir;
Avant de te déplaire   *bis.*
Plutôt, plutôt mourir.

Oui, mon cœur le déteste;
Plus de péché pour moi ;
Le ciel, que j'en atteste,
Garantira ma foi.
Le Dieu qui me pardonne
Aura tout mon amour ;
A lui seul je le donne   *bis.*
Sans borne et sans retour.

Par le R. P. De Bonnafos de la Tour.

N° 17. — A LA FIN DU SERMON.

Bénissons à jamais   *bis. A chaque strophe on répète :*
Le Seigneur dans ses bien-   Bénissons.
    faits *bis.*
Bénissez-le, saints Anges,   Oh ! que c'est un bon Père !
Louez sa majesté ;   Qu'il a grand soin de nous !
Rendez à sa bonté   Il nous supporte tous,
Mille et mille louanges.   Malgré notre misère.

Comme un pasteur fidèle,
Sans craindre le travail,
Il ramène au bercail
Une brebis rebelle.

Il a brisé ma chaîne
Comme un puissant vainqueur;
Et comme un doux Sauveur,
Il m'a mis hors de peine.

Il a guéri mon âme,
Comme un bon médecin;
Comme un maître divin,
Il m'éclaire et m'enflamme.

Il me comble à toute heure
De grâce et de faveur;
Dans le fond de mon cœur
Il a pris sa demeure.

Que tout loue en ma place

Un Dieu si plein d'amour,
Qui me fait chaque jour
Une nouvelle grâce.

Sa bonté me supporte,
Sa lumière m'instruit,
Sa beauté me ravit,
Son amour me transporte.

Oui, sa douceur m'entraîne,
Sa grâce me guérit,
Sa force m'affermit,
Sa charité m'enchaîne.

Dieu seul est ma tendresse,
Dieu seul est mon soutien,
Dieu seul est tout mon bien.
Je redirai sans cesse :

Bénissons à jamais
Le Seigneur dans ses bienfaits.

No 18. — INVOCATION A LA SAINTE VIERGE.

Je mets ma confiance,
Vierge, en votre secours :
Servez-moi de défense,
Prenez soin de mes jours ;
Et quand ma dernière heure
Viendra fixer mon sort,
Obtenez que je meure
De la plus sainte mort.

A votre bienveillance,
O Vierge, j'ai recours ;
Soyez mon assistance
En tous lieux et toujours ;
Vous-même êtes ma Mère ;
Jésus est votre Fils,
Portez-lui la prière
De vos enfants chéris.

A dessein de vous plaire,
O Reine de mon cœur !
Je promets ne rien faire
Qui blesse votre honneur.
Je veux que, par hommage,
Ceux qui me sont sujets,
En tous lieux, à tout âge,
Prennent vos intérêts.

Voyez couler mes larmes,
Mère du bel amour,
Finissez mes alarmes
Dans ce triste séjour ;
Venez rompre ma chaîne,
Je veux aller à vous :
Aimable Souveraine,
Régnez, régnez sur nous.

Nº 19. — CONVERSION.

Sur l'air : D'une mère chérie.

REFRAIN.

Le temps de la jeunesse
Passe comme une fleur ;
Hâtez-vous, le temps presse,
Donnez-vous au Seigneur.

Tout se change en délices
Quand on veut le servir ;
Les plus grands sacrifices
Font les plus doux plaisirs.

N'attendez pas cet âge
Où les hommes n'ont plus
Ni force ni courage
Pour les grandes vertus.

Le Sauveur nous menace
D'une fatale nuit,
Où, quoique l'homme fasse
Il travaille sans fruit.

Que de pleurs et de larmes
Il nous coûte au trépas,
Ce monde dont les charmes
Nous trompent ici-bas.

D'agréables promesses
Il nous flatte d'abord,
Par ses fausses caresses
Il nous donne la mort.

Si le monde t'offense,
Méprise son courroux ;

Dieu veut la préférence,
Il s'en montre jaloux.

Eussiez-vous en partage
D'ici-bas l'or trompeur,
Serais-ce un avantage
Sans l'amour du Seigneur ?

Quelle folie extrême
De gagner l'univers,
Et s'exposer soi-même
Aux tourments des enfers !

Quand plusieurs fois au
L'on ose consentir, [crime
Hélas ! c'est un abîme
Dont on ne peut sortir.

Il n'est rien de plus rude
Que de se détacher
D'une longue habitude
Qu'on s'est fait de pécher.

Pourquoi tant vous promet-
De vivre longuement ? [tre
Demain sera peut-être
Votre dernier instant.

Craignons que de la grâce
Dieu ne change le cours,
Qu'un autre à notre place
Ne soit mis pour toujours.

Nº 20. — MÊME SUJET.

Reviens, pécheur, à ton Dieu qui t'appelle ;
Viens au plus tôt te ranger sous sa loi ;
Tu n'as été déjà que trop rebelle ;
Reviens à lui puisqu'il revient à toi.

Pour t'attirer ma voix se fait entendre ;
Sans me lasser, partout je te poursuis.
D'un Dieu, pour toi, du père le plus tendre
J'ai les bontés, ingrat, et tu me fuis.

Attraits, frayeurs, remords, secret langage,
Qu'ai-je oublié dans mon amour constant ?
Ai-je, pour toi, dû faire davantage ?
Ai-je, pour toi, dû même en faire autant ?

Si je suis bon, faut-il que tu m'offenses ?
Ton méchant cœur s'en prévaut chaque jour.
Plus de rigueur vaincrait tes résistances ;
Tu m'aimerais si j'avais moins d'amour.

Marche au grand jour que t'offre ma lumière,
A sa faveur tu peux faire le bien ;
La nuit bientôt finira ta carrière,
Funeste nuit, où l'on ne peut plus rien.

Ta courte vie est un songe qui passe,
Et de ta mort le jour est incertain :
Si j'ai promis de te donner ma grâce,
T'ai-je jamais promis le lendemain ?

Le ciel doit-il te combler de délices,
Dans le moment qui suivra ton trépas,
Ou bien l'enfer t'accabler de supplices ?
C'est l'un des deux, et tu n'y penses pas !!!

Nº 21. — SUR LE SALUT.

Nous n'avons à faire
Que notre salut :   *bis.*
C'est là notre but,
C'est là notre unique affaire ;
Nous serons heureux
En cherchant les cieux. *bis.*

Notre âme immortelle
Est faite pour Dieu,   *bis.*
La terre est trop peu
Ou plutôt n'est rien pour elle ;
Nous serons heureux
En cherchant les cieux. *bis.*

Perte universelle !
Perdre son Sauveur,   *bis.*
Perdre son bonheur,
Perdre la vie éternelle !
Afin d'être heureux
Nous cherchons les cieux. *b.*

Prends pour toi la terre,
Avare indigent ;   *bis.*
Pour l'or et l'argent
Entreprends procès et guerre ;
Pour nous plus heureux
Nous cherchons les cieux. *b.*

Recherche, âme immonde,
Selon tes désirs,   *bis.*
Les biens, les plaisirs,
Et les honneurs de ce monde ;
Pour nous, plus heureux,
Nous cherchons les cieux. *b.*

Poursuis la fumée
D'un bien passager,   *bis.*
Gagne un monde entier :
Quel gain si l'âme est damnée !
Pour nous, plus heureux,
Nous cherchons les cieux. *b.*

Nous cherchons la grâce,
Le reste n'est rien ;   *bis.*
Ce n'est pas un bien,
Dès lors qu'il trompe et qu'il
    Afin d'être heureux [passe.
Nous cherchons les cieux. *b.*

Point d'autre excellence
Que l'humilité ;   *bis.*
Notre pauvreté
Fait toute notre abondance ;
    L'objet de nos vœux
    C'est d'aller aux cieux. *bis.*

Notre savoir-faire
Est tout dans la Croix ; *bis.*
Si nous sommes rois,

Ce n'est que sur le Calvaire ;
    L'objet de nos vœux
    Est d'aller aux cieux. *bis.*

Nous cherchons la vie,
La gloire et la paix   *bis.*
Qui dure à jamais.

En avez-vous quelque envie ?
Venez, suivez-nous,
Et nous l'aurons tous. *bis.*

Allons par Marie,
Allons à Jésus.   *bis.*
Qu'avons-nous de plus ?

C'est la gloire, c'est la vie.
Venez, suivez-nous,
Et nous l'aurons tous. *bis.*

No 22. — MÊME SUJET.

Travaillez à votre salut :
Quand on le veut, il est facile.
Chrétiens, n'ayez pas d'autre but,
Sans lui tout devient inutile :
Sans le salut (*bis*), pensez-y bien,
Tout ne vous servira de rien.   *bis.*

Oh ! que l'on perd en se perdant !
On perd le céleste héritage ;
Au lieu d'un bonheur si charmant,
On a l'enfer pour son partage.
    Sans le salut (*bis*), etc.   *bis.*

Que sert de gagner l'univers,
Si l'on vient à perdre son âme,
Et s'il faut, au fond des enfers,
Brûler dans l'éternelle flamme ?
    Sans le salut (*bis*), etc.   *bis.*

Rien n'est digne d'empressement,
Si ce n'est la vie éternelle ;
Le reste n'est qu'amusement,
Tout n'est que pure bagatelle,
    Sans le salut (*bis*), etc.   *bis.*

C'est pour toute une éternité
Qu'on est heureux ou misérable !
Que, devant cette vérité,
Tout ce qui passe est méprisable !
  Sans le salut (*bis*), etc.   *bis.*

Grand Dieu, que tant que nous vivrons,
Cette vérité nous pénètre !
Ah ! faites que nous nous sauvions,
A quelque prix que ce puisse être.
Sans le salut (*bis*), pensez-y bien,
Tout ne vous servira de rien.   *bis.*

N° 23. — VANITÉ DES CHOSES DU MONDE.

Tout n'est que vanité,
Mensonge, fragilité,
Dans tous ces objets divers
Qu'offre à nos regards l'univers :
Tous ces brillants dehors,
Cette pompe,
Ces biens, ces trésors,
Tout nous trompe,
Tout nous éblouit,
Mais tout nous échappe et s'enfuit.

Telles qu'on voit les fleurs,
Avec leurs vives couleurs,
Eclore, s'épanouir,
Se faner, tomber et périr ;
Tel est des vains attraits
Le partage ;
Tels l'éclat, les traits
Du bel âge,
Après quelques jours,
Perdent leur beauté pour toujours.

En vain pour être heureux,
Le jeune voluptueux
Se plonge dans les douceurs
Qu'offrent les mondains séducteurs :
Plus il suit les plaisirs
Qui l'enchantent,

Et moins ses désirs
    Se contentent ;
Le bonheur le fuit
A mesure qu'il le poursuit.

Que doivent devenir,
    Pour l'homme qui doit mourir,
    Ces biens longtemps ramassés,
Cet argent, cet or entassés ?
    Fût-il du genre humain
        Seul le maître,
    Pour lui tout enfin
        Cesse d'être ;
    Au jour de son deuil
Il n'a plus pour lui qu'un cercueil.

J'ai vu l'impie heureux
    Porter son air fastueux
    Et son front audacieux
Au-dessus du cèdre orgueilleux ;
    Au loin tout révérait
        Sa puissance,
    Et tout adorait
        Sa présence.
    Je passe et soudain...
Il n'est plus ; je le cherche en vain.

Au savant orgueilleux
    Que sert un génie heureux,
    Un nom devenu fameux
Par mille travaux glorieux ?
    Non, les plus beaux talents,
        L'éloquence,
    Les succès brillants,
        La science,
    Ne servent de rien
A qui ne sait vivre en Chrétien.

Arbitre des humains,
    Dieu seul tient entre ses mains
    Les évènements divers
Et le sort de tout l'univers ;
    Seul il n'a qu'à parler,

Et la foudre
Va frapper, brûler,
Mettre en poudre
Les plus grands héros,
Comme les plus vils vermisseaux.

La mort, dans son courroux,
Dispense à son gré ses coups,
Et l'homme ne fut jamais,
A l'abri d'un seul de ses traits,
Sur son triste retour
La vieillesse,
Dans son plus beau jour
La jeunesse,
L'enfance au berceau
Trouvent tour à tour leur tombeau.

Oh ! combien malheureux
Est l'homme présomptueux,
Qui dans ce monde trompeur
Croit pouvoir trouver son bonheur !
Dieu seul est immortel,
Immuable,
Seul grand, éternel,
Seul aimable.
Avec son secours,
Donnons-nous à lui pour toujours.
Par le R. P. DE BONNAFOS DE LA TOUR.

Nº 24. — SUR LA MORT.

A la mort, à la mort,
Pécheur, tout finira,
Le Seigneur, à la mort,
Te jugera.

Il faut mourir, il faut mourir,
De ce monde il nous faut sortir ;
Le triste arrêt en est porté,
Il faut qu'il soit exécuté.
A la mort, etc.

Comme une fleur qui se flétrit,
Ainsi bientôt l'homme périt ;

L'affreuse mort vient de ses jours
Dans peu de temps finir le cours.
    A la mort, etc.

Pécheurs, approchez du cercueil,
Venez confondre votre orgueil ;
Là, tout ce qu'on estime tant
Est enfin réduit au néant.
    A la mort, etc.

Esclaves de la vanité,
Que deviendra votre beauté ?
Vos traits, sans forme et sans couleur,
Vous rendront un objet d'horreur.
    A la mort, etc.

Vous qui suivez tous vos désirs,
Qui vous plongez dans les plaisirs,
Pour vous quel affreux changement
La mort va faire en ce moment !
    A la mort, etc.

Plus de plaisirs, plus de douceur,
Plus de pouvoir, plus de grandeur ;
Ces biens dont vous êtes jaloux
Vont tout à coup périr pour vous.
    A la mort, etc.

Adieu, famille ; adieu, parents ;
Adieu, chers amis, chers enfants,
Votre cœur se désolera ;
Mais tout enfin vous quittera.
    A la mort, etc.

Ce moment doit bientôt venir ;
Mais on en fuit le souvenir ;
Et l'homme, sans réflexion,
Vit ainsi dans l'illusion.
    A la mort, etc.

S'il fallait subir votre arrêt,
Chrétiens, qui de vous serait prêt ?
Combien dont le funeste sort
Serait une éternelle mort !
    A la mort, etc.

N° 25. — L'ENFER.

Tremblez, habitants de la terre,
Tremblez, le Seigneur va venir,   } *bis.*
Le Ciel dans son courroux fait gronder son tonnerre,
Heureux qui sait prévoir l'effroyable avenir !
   Tremblez, etc.

Je fus comme vous dans le monde,
Esclave de mes passions ;
J'insultais à mon Dieu, dans mon erreur profonde :
Et l'enfer est le fruit de mes illusions.
   Tremblez, etc.

Mon cœur, aveuglé par le crime,
Se jouait de l'éternité ;
Mais, ô fatale erreur, dans un affreux abîme,
Au moment du trépas, je fus précipité.
   Tremblez, etc.

Venez, trop aveugle jeunesse,
Venez vous instruire aux tombeaux ;
Vous connaîtrez enfin le prix de la sagesse,
Lorsque vous entendrez le récit de nos maux.
   Tremblez, etc.

Venez, criminels de tout âge,
Vieillards, âge mûr, jeunes gens,
Descendez dans ce lieu de fureur et de rage,
Vous entendrez les pleurs, les grincements de dents.
   Tremblez, etc.

Dans cet océan de souffrances,
Comment raconter mes malheurs,
Percé par mille traits des célestes vengeances,
Victime de l'enfer, en proie à ses horreurs ?
   Tremblez, etc.

Le plus grand de tous mes supplices
C'est d'être éloigné de mon Dieu,
De ne pouvoir aimer la source des délices,
Sa main me repoussant dans cet horrible lieu.
   Tremblez, etc.

Le feu créé dans sa colère
Pénètre l'esprit et le corps ;

Ne respirant que feu, l'âme se désespère,
Et les cieux courroucés rendent vains ses efforts.
    Tremblez, etc.

Du sein de ce lieu de ténèbres
S'élève une noire vapeur,
Les abîmes couverts de ses voiles funèbres
Ne sont plus qu'un séjour de supplice et d'horreur,
    Tremblez, etc.

Un enfant transporté de rage
Maudit les auteurs de ses jours.
Leurs leçons, leur exemple ont causé son naufrage ;
A toute sa fureur il donne un libre cours.
    Tremblez, etc.

Bonheur ! paradis de délices !
Beau ciel ! ô cité des élus !
J'étais créé pour vous ; et d'éternels supplices
Sont devenus ma part ; je suis mort sans vertus.
    Tremblez, etc.

Le souvenir de tant de grâces
Est de tous le plus déchirant ;
Mondains, ingrats pécheurs, qui marchez sur mes traces
Vous l'apprendrez un jour dans ce feu dévorant.
    Tremblez, etc.

Si le Ciel, à mes vœux propice,
Devait un jour briser mes fers,
Que ne ferais-je pas pour calmer sa justice ?
Mais il me faudra toujours souffrir dans les enfers.
    Tremblez, etc.

N° 26. — BONHEUR DU PARADIS.

Sainte cité, demeure permanente,
Sacré palais qu'habite le grand Roi,
Où doit sans fin régner l'âme innocente,
Quoi de plus doux que de penser à toi ?
    O ma patrie !
    O mon bonheur !
    Toute ma vie   } bis.
Sois le vœu de mon cœur.

Répéter à chaque strophe : O ma patrie ! etc.

Dans tes parvis tout n'est plus qu'allégresse ;
C'est un torrent des plus chastes plaisirs ;
On ne ressent ni peine ni tristesse,
On ne connaît ni regrets ni soupirs.

Tes habitants ne craignent plus l'orage ;
Ils sont au port, ils y sont pour jamais :
Un calme entier devient leur doux partage ;
Dieu dans leur cœur verse un fleuve de paix.

De quel éclat ce Dieu les environne !
Ah ! je les vois tout brillants de clarté ;
Rien ne saurait y flétrir leur couronne :
Leur vêtement est l'immortalité.

Pour les élus il n'est plus d'inconstance,
Tout est soumis au joug du saint amour ;
L'affreux péché n'a plus là de puissance,
Tout bénit Dieu dans cet heureux séjour.

Beauté divine, ô beauté ravissante !
Tu fais l'objet du suprême bonheur.
Oh ! quand naîtra cette aurore brillante
Où nous pourrons contempler ta splendeur ?

Puisque Dieu seul est notre récompense,
Qu'il soit aussi la fin de nos travaux ;
Dans cette vie, un moment de souffrance
Mérite au Ciel un éternel repos.

Nº 27. — PRINCIPAUX ARTICLES DE LA DOCTRINE CHRÉTIENNE.

Air connu.

1. Crois en Dieu créateur du ciel et de la terre,
Adore, aime, bénis ce Père tout-puissant ;
Sa noble main tira nos corps de la poussière,
Et sa voix fit sortir notre esprit du néant.

CHŒUR :

Seigneur, vous nous offrez le ciel en récompense,
Si nous ouvrons nos cœurs aux clartés de la Foi ;
Daignez nous enflammer d'amour et d'espérance,
Pour pratiquer toujours votre divine loi.

2. Crois au vrai fils de Dieu que la vierge Marie
   Dans son très-chaste sein conçut du Saint-Esprit;
   Il est le Roi puissant, il est le vrai Messie
   Promis à l'univers, le Sauveur Jésus-Christ.
       Seigneur, vous nous offrez...

3. Né le jour de Noël, on le vit dans le monde
   Humble, pauvre, soumis, faible, souffrant, mortel;
   Mais son pouvoir divin, sa sainteté profonde
   Ont prouvé qu'il était le Fils de l'Eternel.
       Seigneur, vous nous offrez...

4. Pour laver le péché de notre premier père
   Et réconcilier l'Eternel avec nous,
   Il voulut s'immoler sur la croix du Calvaire,
   Et du prix de son sang il nous racheta tous.
       Seigneur, vous nous offrez...

5. Mais au bout de trois jour remportant la victoire,
   Il sortit du tombeau, triomphant, immortel.
   Pour nous choisir un trône au séjour de la gloire,
   Quarante jours après il monta dans le Ciel.
       Seigneur, vous nous offrez...

6. Dans l'auguste appareil de sa gloire adorable,
   Un jour notre Sauveur redescendra des cieux;
   Devant le tribunal de ce Dieu redoutable,
   Les vivants et les morts viendront silencieux.
       Seigneur, vous nous offrez...

7. Je crois que procédant et du Fils et du Père,
   L'Esprit-Saint avec eux est un même Seigneur;
   Sur le Pape et l'Eglise il répand sa lumière,
   Pour guider les chrétiens vers l'éternel bonheur.
       Seigneur, vous nous offrez...

8. Pour ne former en Dieu qu'un seul peuple de frères,
   Le Ciel, le Purgatoire et Chrétiens militants,
   Sont unis par les nœuds de communes prières,
   Ils n'ont qu'un même chef, vainqueurs et combattants.
       Seigneur, vous nous offrez...

9. Je crois que tout pécheur ressuscite à la grâce,
   Quand au saint tribunal il est vraiment contrit;
   Jésus, en l'absolvant, lui rend au ciel sa place,
   Car aux pieds du ministre il parle à Jésus-Christ.
       Seigneur, vous nous offrez...

10. Je crois très-fermement que dans l'Eucharistie,
Nous recevons le pain de l'immortalité ;
Et que Jésus nous donne en l'adorable Hostie,
Son corps, son sang, son âme et sa divinité.
  Seigneur, vous nous offrez...

11. La mort avec sa faux plane sur notre tête,
Peut-être n'ai-je, hélas ! à vivre qu'un moment ;
Mais je sais que bientôt la sonore trompette,
Réveillera les morts au jour du jugement.
  Seigneur, vous nous offrez...

12. Au tribunal de Dieu l'univers en silence
Verra l'éternité ; le temps sera fini ;
Eternité de biens pour prix de l'innocence,
Eternité de maux pour le vice puni.
  Seigneur, vous nous offrez...

13. Vous le savez, Marie, au sommet du Calvaire
Vous daignâtes un jour nous prendre pour enfants ;
Venez nous secourir quand un juge sévère,
Prononcera l'arrêt des bons et des méchants.
  Seigneur, vous nous offrez...

                              G*****.

______

N° 28. — LE PÉCHEUR CONVERTI.

Un fantôme brillant séduisit ma jeunesse,
Sous le nom du plaisir, il égara mes pas ;
Insensé que j'étais ! je n'apercevais pas
L'abîme que des fleurs cachaient à ma faiblesse.
  Mais enfin revenu de mes égarements,
  Remettant mon salut à ta bonté chérie,
  O mon Dieu, mon soutien, après mille tourments,
  Quand je reviens à toi, je reviens à la vie.

Plaisirs, où j'avais cru ne trouver que des charmes,
Ivresse de mes sens, trompeuse volupté,
Hélas ! en vous cherchant, que vous m'avez coûté
De craintes, de douleurs, de regrets et de larmes !
  Mais enfin, etc.

Vous qui de vos vertus souteniez mon enfance,
O mon père, ô ma mère, à combien de douleurs
Ma jeunesse rebelle a dû livrer vos cœurs
Et troubler vos tombeaux dans leur pieux silence !
  Mais enfin, etc.

Pardonnez, pardonnez à votre enfant coupable :
Hélas ! cent fois puni d'oublier vos leçons,
Même au sein des plaisirs, par des remords profonds,
Il expiait déjà son crime impardonnable.
    Mais enfin, etc.

Oui, mon Dieu, c'en est fait, touché de ta clémence,
Je quitte pour jamais le monde et ses appas.
Nouvel enfant prodigue, appelé dans tes bras,
Je retrouve à la fois un père et l'innocence.
    Car enfin, etc.

Sainte paix, calme heureux où mon âme repose,
Plaisirs délicieux dont s'enivre mon cœur,
Oh ! ne me quittez plus, donnez-moi le bonheur
Qu'en vain depuis longtemps le monde me propose.
    Car enfin, etc.

Nº 29. — REGRETS AMERS DU PÉCHEUR.

Hélas !
Quelle douleur
Remplit mon cœur
Fait couler mes larmes !
Hélas !
Quelle douleur
Remplit mon cœur
De crainte et d'horreur !
Autrefois,
Seigneur, sans alarmes,
De tes lois
Je goûtai les charmes,
Hélas !
Vœux superflus,
Beaux jours perdus,
Vous ne serez plus !

La mort
Déjà me suit ;
Ô triste nuit,
Déjà je succombe !
La mort
Déjà me suit ;
Le monde fuit :
Tout s'évanouit,

Je la vois
Entr'ouvrant ma tombe,
Et sa voix
M'appelle et j'y tombe.
Ô mort !
Cruelle mort !
Si jeune encor !...
Quel funeste sort !...
Frémis,
Ingrat pécheur ;
Un Dieu vengeur,
D'un regard sévère ;
Frémis,
Ingrat pécheur,
Un Dieu vengeur,
Va sonder ton cœur.
Malheureux !
Entends son tonnerre ;
Si tu peux,
Soutiens sa colère.
Frémis,
Seul aujourd'hui,
Sans nul appui,
Parais devant lui.

Grand Dieu !
Quel jour affreux
Luit à mes yeux !
Quel horrible abîme
Grand Dieu !
Quel jour affreux
Luit à mes yeux !
Quels lugubres feux !
Oui, l'enfer,
Vengeur de mon crime,
Est ouvert,
Attend sa victime.
Grand Dieu !
Quel avenir !
Pleurer, gémir,
Toujours te haïr !

Beau ciel,
Je t'ai perdu ;
Je t'ai vendu
Pour de vains caprices,
Beau ciel !
Je t'ai perdu ;
Je t'ai vendu ;
Regrets superflus !
Loin de toi,
Toutes les délices
Sont pour moi
De nouveaux supplices,
Beau ciel,
Toi que j'aimais,
Qui me charmais,
Ne te voir jamais !...

O vous,
Amis pieux,
Toujours joyeux
Et pleins d'espérance !
O vous,
Amis pieux,
Toujours joyeux
Moi seul malheureux !

J'ai voulu
Sortir de l'enfance ;
J'ai perdu
L'aimable innocence,
O vous,
Du ciel un jour
Heureuse cour !
Adieu sans retour.

Non, non,
C'est une erreur,
Dans mon malheur,
Hélas ! je m'oublie !
Non, non,
C'est une erreur ;
Dans mon malheur,
Je trouve un Sauveur.
Il m'entend,
Me réconcilie ;
Dans son sang
Je reprends la vie.
Non, non,
Je l'aime encor,
Et le remords
A changé mon sort.

Jésus,
Manne des cieux,
Pain des heureux,
Mon cœur te réclame.
Jésus,
Manne des cieux,
Pain des heureux,
Viens combler mes vœux,
Désormais
Ta divine flamme
Pour jamais
Embrase mon âme.
Jésus,
O mon Sauveur,
Fais de mon cœur
L'éternel bonheur,

N° 50. — SUR LE RESPECT HUMAIN.

Air connu.

Chœur.
> Armons-nous ; la voix du Seigneur,
> Chrétiens, nous appelle à la gloire,
> Courons à la noble victoire,
> Volons ensemble au champ d'honneur !
> Elle est si noble la victoire, *bis.*
> Il est si beau d'être vainqueur !

1. Le cours de notre vie entière,
   N'est qu'un long et sanglant combat ;
   Mais qu'on est fier d'être soldat,
   Quand on a la croix pour bannière !
   Armons-nous...

2. Combattons tous avec noblesse,
   Les grands martyrs sont nos aïeux,
   Les saints sont nos frères aux cieux ;
   Luttons comme eux, luttons sans cesse !
   Armons-nous...

3. Nos ennemis les plus rebelles,
   S'agitent au dedans de nous ;
   Portons sur eux les premiers coups,
   Guerre aux passions criminelles !
   Armons-nous...

4. Le monde avec mille artifices,
   Nous offre ses fausses douceurs,
   Sous nos pas il sème des fleurs
   Pour nous voiler ses précipices.
   Armons-nous...

5. A ta voix douce et mensongère
   Je te connais monde cruel ;
   Tu veux en échange du ciel
   Nous offrir ta joie éphémère.
   Armons-nous...

6. Chrétiens ! Satan, avec furie,
   Ose seul nous défier tous !
   Bravons son impuissant courroux,
   Ses trahisons, sa perfidie !
   Armons-nous...

7.   Sous l'indigne poids de vos chaînes,
    Servez les tyrans, ô mondains;
    Pour notre liberté, chrétiens,
    Donnons tout le sang de nos veines!
    Armons-nous...

8.   Fuyez, fuyez, lâches esclaves
    Qui rougissez de notre foi;
    Sous ses étendards, notre roi,
    Ne veut réunir que les braves!
    Armons-nous...

9.   Le terme des combats s'avance,
    Bientôt viendra l'éternité :
    Redoublons d'intrépidité,
    A l'aspect de la récompense!
    Armons-nous...

10.   Au ciel, d'immortelles couronnes
    Ceindront nos fronts victorieux;
    Jésus, notre chef glorieux,
    Place ses soldats sur des trônes!
    Armons-nous...

G*****.

N° 31. — RENOUVELLEMENT DES VOEUX DU BAPTÊME.

J'engageai ma promesse au baptême;
Mais pour moi d'autres firent serment :
Dans ce jour je vais parler moi-même,
Je m'engage aujourd'hui librement.   *bis.*

Je crois donc en un Dieu trois personnes,
De mon sang je signerais ma foi :
Faible esprit, vainement tu raisonnes,
Je m'engage à le croire, et je crois.   *bis.*

A la foi de ce premier mystère
Je joindrai la foi d'un Dieu Sauveur;
Sous les lois de l'Eglise ma mère,
Je m'engage d'esprit et de cœur   *bis.*

Sur les Fonts, dans une eau salutaire,
Pour enfant Dieu daigna m'adopter;
Si j'en ai souillé le caractère,
Je m'engage à le mieux respecter.   *bis.*

Je renonce aux pompes de ce monde,
A la chair, à tous ses vains attraits :
Loin de moi, Satan, esprit immonde !
Je m'engage à te fuir pour jamais.   *bis.*

Faux plaisirs, source infâme de vices,
Trop longtemps vous fûtes mon amour ;
Je renonce à vos fausses délices,
Je m'engage à Dieu seul sans retour.   *bis.*

Oui, mon Dieu, votre seul Evangile
Réglera mon esprit et mes mœurs :
Dussiez-vous en frémir, chair fragile,
Je m'engage à toutes ses rigueurs.   *bis.*

Ah ! Seigneur, qui sait bien vous connaître,
Sent bientôt que votre joug est doux :
C'en est fait, je n'ai point d'autre maître,
Je m'engage à ne servir que vous.   *bis.*

Sur vos pas, ô mon divin modèle,
Plus heureux qu'à la suite des rois,
Plein d'horreur pour ce monde infidèle,
Je m'engage à porter votre croix.   *bis.*

Si le ciel d'un moment de souffrance
Doit, Seigneur, être le prix un jour,
Animé par cette récompense,
Je m'engage à tout pour votre amour.   *bis.*

C'est, mon Dieu, dans vous seul que j'aspire
A fixer mes plaisirs et mes goûts.
Pour le ciel c'est peu que que soupire :
Je m'engage à soupirer pour vous.   *bis.*

Puisqu'enfin dans le ciel, ma patrie,
De mes biens vous serez le plus doux ;
Dès ce jour, et pour toute ma vie,
Je m'engage et je suis tout à vous.   *bis.*

No 52. SUR L'EUCHARISTIE. Prose : *Lauda, Sion.*

Par les chants les plus magnifiques,
Sion, célèbre ton Sauveur :
Exalte dans tes saints cantiques
Ton Dieu, ton chef et ton pasteur.

Redouble aujourd'hui pour lui plaire,
Tes transports, tes soins empressés :
Tu n'en pourras jamais trop faire,
Tu n'en feras jamais assez.

Ouvre ton cœur à l'allégresse,
A tout le feu de tes transports,
Lorsque son immense largesse
T'ouvre elle-même ses trésors.
Près de quitter son héritage,
Il consacre son dernier jour
A te laisser ce tendre gage
Qui mit le comble à son amour.

Offert sur la table mystique,
L'agneau de la nouvelle loi
Termine enfin la Pâque antique
Qui figurait le nouveau roi :
La vérité succède à l'ombre,
La loi de crainte se détruit ;
La clarté chasse la nuit sombre,
La loi de grâce s'établit.

Jésus, de son amour extrême,
Éternisa le dernier trait ;
Ce que d'abord il fit lui-même,
Le prêtre à son ordre le fait :
Il change, ô prodige admirable,
Qui n'est aperçu que des cieux !
Le pain en son corps adorable,
Le vin en son sang précieux !

L'œil se méprend, l'esprit chancelle ;
Il cherche d'un Dieu la splendeur ;
Mais, toujours ferme, un vrai fidèle,
Sans hésiter voit son Seigneur.
Son sang pour nous est un breuvage,
Sa chair devient un aliment ;
Les espèces sont le nuage
Qui nous couvrent le sacrement.

On voit le juste et le coupable
S'approcher du banquet divin,
Se ranger à la même table,
Prendre part au même festin :

Chacun reçoit la même hostie!
Mais qu'ils diffèrent de leur sort!
Le juste tremble et boit la vie;
L'impie affronte et boit la mort.

Je te salue, ô pain de l'ange,
Aujourd'hui pain du voyageur!
Toi que j'adore et que je mange,
Ah! viens soutenir ma langueur.
Loin de toi, l'impur, le profane,
Pain réservé pour les enfants;
Mets des élus, céleste manne,
Seul objet digne de nos chants!

Au secours de notre misère
Jésus se livre entièrement :
Dans la crèche il est notre frère,
Et sur terre notre aliment.
Quand il mourut sur le calvaire,
Il fut rançon pour le pécheur;
Triomphant dans son sanctuaire,
Il est du juste le bonheur.

Quels bienfaits, quel amour extrême!
Par un attrait doux et vainqueur,
Tendre Pasteur, fais que je t'aime,
Dans cet amour fixe mon cœur.
O pain des forts! par ta puissance,
Soutiens-moi dans l'infirmité :
Fais, qu'engraissé de ta substance,
Je règne dans l'éternité.

Nº 55. — MÊME SUJET.

Mon doux Jésus ne paraît pas encore!
Trop longue nuit, dureras-tu toujours?
Tardive aurore,
Hâte ton cours;
Rends-moi Jésus, ma joie et mes amours,
Mon doux Jésus, que seul j'aime et j'implore. *bis.*

De ton flambeau déjà les étincelles,
Astre du jour, raniment mes désirs;

Tu renouvelles
Tous mes soupirs.
Servez mes vœux, avancez mes plaisirs,
Anges du ciel, portez-moi sur vos ailes.   *bis.*
Je t'aperçois, asile redoutable,
Où l'Éternel descend de sa grandeur ;
Temple adorable
Du Rédempteur,
Si dans tes murs il voile sa splendeur,
Ce Dieu d'amour n'en est que plus aimable.   *bis.*
Sans nul éclat le vrai Dieu va paraître :
De cet autel il vient s'unir à moi :
Est-ce mon maître ?
Est-ce mon Roi ?
Laissez, mes yeux, laissez agir ma foi ;
Un œil chrétien ne peut le méconnaître.   *bis.*

Nº 54. — MÊME SUJET.

L'encens divin embaume cet asile ;
Quels doux concerts, quels chants mélodieux !
Mon cœur se tait, et mon âme est tranquille :
La paix du ciel habite dans ces lieux.
O Pain de vie !
O mon Sauveur !
L'âme ravie
Trouve en vous son bonheur.   } *bis.*
Pour embellir le temple de mon âme,
Le Très-Haut daigne y fixer son séjour.
Je le possède, il m'inspire, il m'enflamme.
Je l'ai trouvé, je l'aime sans retour.
O Pain de vie, etc.
Je vous adore au dedans de moi-même,
Je vous contemple à l'ombre de la foi,
Mon Dieu ! mon tout ! félicité suprême !
Je ne vis plus, mais Jésus vit en moi !
O Pain de vie, etc.
O saints transports, vive et douce allégresse !
Chastes ardeurs, divins embrassements !
O plaisirs purs ! délicieuse ivresse !
Mon cœur se perd en ces ravissements !
O Pain de vie, etc.

Que vous rendrai-je, ô Sauveur plein de charmes,
Pour tous les dons que j'ai reçus de vous ?
Prenez ce cœur, et recueillez ces larmes ;
C'est le tribut dont vous êtes jaloux.
    O Pain de vie, etc.

Tant qu'à la nuit une aurore nouvelle
Succèdera pour ramener le jour,
Je l'ai juré, je vous serai fidèle ;
Je vous promets un immortel amour.
    O Pain de vie, etc.

Ah ! que ma langue, immobile et glacée,
En ce moment s'attache à mon palais,
Si dans mon cœur s'efface la pensée
De votre amour comme de vos bienfaits !
    O Pain de vie, etc.

Nº 55. — MÊME SUJET.

Qu'ils sont aimés, grand Dieu, les tabernacles !
Qu'ils sont aimés et chéris de mon cœur !
Là tu te plais à rendre tes oracles ;
La foi triomphe et l'amour est vainqueur.   *bis.*

Qu'il est heureux, celui qui te contemple
Et qui soupire au pied de tes autels !
Un seul moment qu'on passe dans ton temple
Vaut mieux qu'un siècle au palais des mortels. *bis.*

Je nage au sein des plus pures délices ;
Le ciel entier, le ciel est dans mon cœur,
Dieu de bonté, de faibles sacrifices
Méritaient-ils cet excès de bonheur ?   *bis.*

En les comblant par un charme suprême,
Un Dieu puissant irrite mes désirs :
Il me consume, et je sens que je l'aime ;
Et cependant je m'exhale en soupirs.   *bis.*

Autour de moi, les Anges, en silence,
D'un Dieu caché contemplent la splendeur.
Anéantis en sa sainte présence,
O Chérubins, enviez mon bonheur.   *bis.*

Et je pourrais à ce monde qui passe
Donner un cœur par Dieu même habité ?

Non , non , Seigneur, je puis tout par ta grâce :
Mais sauve-moi de ma fragilité.   *bis.*

En Souverain, règne, commande, immole ,
Règne surtout par le droit de l'amour.
Adieu plaisirs, adieu monde frivole ;
A Jésus seul j'appartiens sans retour.   *bis.*

N° 56. — MÊME SUJET.

Chantons en ce jour
Jésus et sa tendresse extrème;
Chantons en ce jour
Et ses bienfaits et son amour.
  Il a daigné lui même
  Descendre dans nos cœurs ;
  De ce bonheur suprême
  Célébrons les douceurs.
    Chantons, etc.

O Dieu de grandeur !
Plein de respect, je vous révère;
O Dieu de grandeur !
J'adore dans vous mon Sei-
Si ce profond mystère [gneur.
  Vient éprouver ma foi,
  C'est l'amour qui m'éclaire
  Et vous découvre en moi.
    O Dieu, etc.

Mon divin Epoux ,
Mon âme à vous seul s'aban-
Mon divin Epoux [donne:
Mon âme n'a d'espoir qu'en
    [vous.
  Que l'enfer gronde et tonne,
  Qu'il s'arme de fureur :
  Il n'a rien qui m'étonne;
  Jésus est dans mon cœur.
    Mon divin, etc.

Aimons le Seigneur,
Ne cherchons jamais qu'à lui
    [plaire ;
Aimons le Seigneur,
Il fera seul notre bonheur.
  Ami le plus sincère ,
  Généreux bienfaiteur,
  Il est plus , il est père :
  Donnons-lui notre cœur.
    Aimons, etc.

Pour tous vos bienfaits ,
Que vous offrir, ô divin maître?
Pour tous vos bienfaits ,
Je me donne à vous pour jamais.
  En moi je sentis naître
  Les transports les plus doux,
  Quand je pus vous connaître
  Et m'attacher à vous.
    Pour tous , etc.

O Dieu tout-puissant ,
Par votre aimable Providence,
O Dieu tout-puissant ,
Conservez mon cœur inno-
    [cent.
  Dès ma plus tendre enfance
  Vous guidâtes mes pas,
  Sauvez mon innocence,
  Couronnez mes combats.
    O Dieu, etc.

Par le R. P. De Bonnafos de la Tour.

No 57. — MÊME SUJET.

Que mon sort a de charmes !
Jésus est dans mon cœur ;
Je ne crains plus d'alarmes
Qui troublent mon bonheur.

Chœur. — Bis.
Amour, honneur et gloire
A Jésus mon divin Sauveur !
A lui seul la victoire :
Qu'il règne dans mon cœur.

O source intarissable
Des plus pures douceurs !
O centre invariable
Des célestes faveurs !
     Amour, etc.

A son cœur adorable
Je consacre mon cœur ;
De son joug tout aimable
Je fais tout mon bonheur.
     Amour, etc.

A Jésus la victoire
Sur ce monde trompeur ;
Je mets toute ma gloire
A servir mon Sauveur.
     Amour, etc.

Adieu, monde perfide ;
Adieu, vaine grandeur ;
J'ai le seul bien solide,
Jésus est dans mon cœur.
     Amour, etc.

Monde insensé, je foule
A mes pieds tes honneurs ;
Je méprise la foule
De tes adorateurs.
     Amour, etc.

Oui, désormais, sans crainte,
Content dans les douleurs,
Je t'embrasse, ô Croix sainte,
Et toutes tes rigueurs.
     Amour, etc.

No 58. — POUR LA COMMUNION.

Chœur.
Le voici l'agneau si doux,
Le vrai pain des Anges,
Du ciel il descend pour nous,
     Adorons-le tous.

1. Avec confiance,
    A son doux appel,
    Allons en silence,
    Aux pieds de l'autel.
       Le voici...

2. Victime éternelle,
    Et prêtre divin,
    Ce Dieu nous appelle,
    Au plus beau festin.
       Le voici...

3. A sa sainte table,
    Rassasions-nous,
    Du corps adorable
    Du céleste époux.
       Le voici...

4. Mystère ineffable !
    Prodige étonnant !
    Ce Dieu tout aimable
    Est notre aliment !
       Le voici...

5. Salutaire Hostie,
    Fils de l'Eternel,
    Tu donnes la vie,
    Tu conduis au ciel !
       Le voici...

6. Manne eucharistique,
   Pain du voyageur,
   O Roi pacifique,
   Fais notre bonheur.
       Le voici...

7. La terre est remplie
   De ta sainteté,
   Le ciel s'humilie
   Sous ta majesté.
       Le voici...

8. Ta gloire immortelle
   Se voile en ce lieu,
   Mais le vrai fidèle
   Reconnaît son Dieu.
       Le voici...

9. Quel aimable père,
   Ce Dieu qui mourut
   Sur le mont Calvaire
   Pour notre salut !
       Le voici...

10. Quel ami sincère,
    Notre bon Jésus,
    Qui sur cette terre
    Ne nous quitte plus !
        Le voici...

11. Amant de nos âmes,
    Béni du Seigneur,
    Tes célestes flammes
    Embrasent d'ardeur !
        Le voici...

12. Ta douce parole
    Charme notre cœur,
    Ta voix nous console
    Tendre et bon pasteur.
        Le voici...

13. Eternelle gloire
    A Jésus sauveur,
    Honneur et victoire
    Au Dieu rédempteur !
        Le voici...

14. Solennel hommage
    A l'agneau sacré,
    Et que d'âge en âge
    Il soit adoré !
        Le voici...

G*****.

N° 39. — MÊME SUJET.

Célébrons ce grand jour par des chants d'allégresse ;
    Nos vœux sont enfin satisfaits ;
Bénissons le Seigneur, publions sa tendresse ;
    Chantons ses bontés, ses bienfaits.
    Pour nous, tout pécheurs que nous sommes,
    Il descend des cieux en ce jour :
    C'est parmi les enfants des hommes
    Qu'il aime à fixer son séjour.
    Chantons sous ces voûtes antiques
    Le Dieu qui règne sur nos cœurs ;
    Exaltons par de saints cantiques
    Et son amour et ses faveurs.   *bis.*

En ce jour solennel, nourris du pain des Anges,
    Bénissons-le, jeunes chrétiens,

Chantons-le tour à tour, répétons les louanges
  Du Dieu qui nous comble de biens.
    Bon père, à des enfants qu'il aime,
    Cieux, admirez tant de bonté !
    Il donne, en se donnant lui-même,
    Le pain de l'immortalité.
        Chantons, etc.

Quoi ! Seigneur, en tremblant l'univers te contemple,
  La terre a frémi devant toi ;
Et du cœur d'un enfant tu veux faire ton temple,
  Et tu t'abaisses jusqu'à moi !
    Ah ! puissé-je, avant qu'infidèle
    Je perde un si cher souvenir,
    Mourir comme la fleur nouvelle,
    Cueillie avant de se flétrir !
        Chantons, etc.

Oui, Seigneur, désormais, rangés sous ton empire,
  Nous y voulons vivre et mourir ;
Mais ce vœu que l'amour aujourd'hui nous inspire,
  Pouvons-nous, sans toi, l'accomplir ?
    C'est toi qui nous donnas la vie,
    Que ta grâce en règle le cours :
    Que ta loi, constamment suivie,
    Console enfin nos derniers jours.
        Chantons, etc.

Nº 40. — PROTESTATION DE FIDÉLITÉ.

Le monde en vain par ses biens et ses charmes,
Veut m'engager à plier sous sa loi :
Mais pour me vaincre il faut bien d'autres armes !
Non, non, je ne crains rien, Jésus est avec moi.

Refr. { O mon Dieu ! que toujours je vous aime :
         De vos feux daignez me consumer.
         Au cœur ingrat qui ne sait pas aimer,
         Oh ! mille fois, mille fois anathème !

Venez, venez, fiers enfants de la terre,
Déchaînez-vous pour me remplir d'effroi ;
Quand de concert vous me feriez la guerre,
Non, non, je ne crains rien, Jésus est avec moi.
    O mon Dieu ! etc.

Cruel Satan, arme-toi de ta rage,
Que les démons se liguent avec toi;
Tu ne pourras abattre mon courage :
Non, non, je ne crains rien, Jésus est avec moi.
    O mon Dieu! etc.

Non, non, jamais la mort la plus cruelle
Ne me fera trahir ce divin roi ;
Jusqu'au trépas je lui serai fidéle :
Non, non, je ne crains rien, Jésus est avec moi.
    O mon Dieu! etc.

Que les enfers, les airs, la terre et l'onde,
Conspirent tous à me remplir d'effroi ;
Quand je verrais sur moi crouler le monde,
Non, non, je ne crains rien, Jésus est avec moi.
    O mon Dieu! etc.

Divin Jésus, mon unique espérance,
Vous pouvez tout, mon Seigneur et mon Roi ;
Augmentez donc pour vous ma confiance :
Non, non, je ne crains rien, Jésus est avec moi.
    O mon Dieu ! etc.

N° 41. — SUR LE TRÉSOR QUE NOUS POSSÉDONS EN JÉSUS-CHRIST.

Sur l'air : O Filii et Filiæ.

Vive Jésus, vive Jésus, vive Jésus !
  Vive notre aimable Sauveur !
  Ce Dieu d'amour, ce Dieu vainqueur,
  Que lui seul vive en notre cœur.
  Vive Jésus !

Vive Jésus, vive Jésus, vive Jésus !
  Du monde Jésus est l'honneur,
  Le juge, le maître et l'auteur,
  Il en est l'unique bonheur.
  Vive Jésus !

Vive Jésus, vive Jésus, vive Jésus,
  Dans son sacrifice éternel
  Il est le pontife immortel,
  Le Dieu, la victime et l'autel.
  Vive Jésus !

Vive Jésus, vive Jésus, vive Jésus !
C'est un agneau pour la douceur ;
Troupeau, suivez ce bon pasteur,
Ne craignez point le ravisseur.
Vive Jésus !

Vive Jésus, vive Jésus, vive Jésus !
Il est l'espoir des pénitents,
La paix des fidèles mourants :
Il nous est Jésus en tout temps.
Vive Jésus !

Vive Jésus, vive Jésus, vive Jésus !
C'est par Jésus que nous vivons ;
C'est par lui que nous triomphons :
Avec Jésus nous régnerons.
Vive Jésus !

Vive Jésus, vive Jésus ! vive Jésus !
Vive la mère des Elus,
Vive la reine des vertus,
Vive Marie avec Jésus.
Vive Jésus !
Vive Jésus, etc.

N° 42. — CLOTURE DE LA MISSION.

AVANTAGES DE LA FERVEUR.

Goûtez, âmes ferventes,
Goûtez votre bonheur ;
Mais demeurez constantes
Dans votre sainte ardeur.

Heureux le cœur fidèle
Où règne la ferveur !
Il possède avec elle
Tous les dons du Seigneur. *bis.*

Elle est le vrai partage
Et le sceau des élus ;
Elle est l'appui, le gage
Et l'âme des vertus.

Répéter à chaque strophe :

Heureux, etc.

Par elle la foi vive
S'allume dans les cœurs ,
Et sa lumière active
Guide et règle nos mœurs.

Par elle l'espérance
Ranime nos soupirs,
Et croit jouir d'avance
Des célestes plaisirs.

Par elle dans les âmes
S'accroît de jour en jour
L'activité des flammes
Du pur et saint amour.

C'est sa vertu puissante
Qui garantit nos sens
De l'amorce attrayante
Des plaisirs séduisants,

C'est sous sa vigilance
Que l'esprit et le cœur
Gardent leur innocence
Et souvent leur pudeur.

C'est elle qui de l'âme
Dévoile la grandeur,
Et le zèle s'enflamme
Par sa vive chaleur.

De l'âme pénitente
Elle adoucit les pleurs,
Et de l'âme souffrante
Elle éteint les douleurs.

Celui qui fut docile
A vivre sous sa loi,
Courut d'un pas agile
La route de la croix.

Par elle du martyre
Les sanglantes rigueurs,
Au cœur qui le désire
N'offrent que des douceurs.

Elle est pour qui seconde
Ses généreux efforts,
Une source féconde
De célestes trésors.

Une larme sincère,
Un seul soupir du cœur,
Par elle a de quoi plaire
Aux yeux purs du Seigneur.

C'est elle qui prépare
Tous ces traits de beauté
Dont la main de Dieu pare
Les saints dans sa clarté.

Sous ses heureux auspices
On goûte les bienfaits
Les charmes, les délices
De la plus douce paix.

Mais sans sa vive flamme
Tout déplaît, tout languit,
Et la beauté de l'âme
Se fâne et dépérit.

Heureux le cœur fidèle
Où règne la ferveur,
Il possède avec elle
Tous les dons du Seigneur. *bis.*

Par le R. P. De Bonnafos de la Tour.

Nᵒ 45. — LE CHRÉTIEN TOUT A DIEU.

Il n'est pour moi qu'un seul bien sur la terre,
Et c'est Dieu seul, Dieu seul est mon trésor.
Dieu seul, Dieu seul allége ma misère,
Et vers Dieu seul mon cœur prendra l'essor.
    Je bénis sa tendresse,
    Je répète sans cesse
Ce cri d'amour, cet élan d'un grand cœur :
Dieu seul, Dieu seul, voilà le vrai bonheur.   *bis.*

Dieu seul, Dieu seul guérit toute blessure :
Dieu seul, Dieu seul est un puissant secours ;
Dieu seul suffit à l'âme droite et pure,
Et c'est Dieu seul qu'elle cherche toujours.

Doux transport de mon âme ;
Ah ! je sens qu'il m'enflamme,
Ce cri d'amour, cet élan d'un grand cœur :
Dieu seul, Dieu seul, voilà le vrai bonheur.   *bis.*

Quel déplaisir pourra jamais atteindre
Cet heureux cœur que Dieu seul peut charmer ?
Grand Dieu, quels maux ce cœur pourra-t-il craindre ?
Il n'en est point quand on sait vous aimer.
          Aimer un si bon père,
          C'est commencer sur terre
Ce chant d'amour de la sainte cité :
Dieu seul, Dieu seul, pour une éternité !   *bis.*

N° 44. — POUR L'AVENT.

Venez divin Messie,
Sauvez nos jours infortunés ;
Venez, source de vie,
Venez, venez, venez.

Ah ! descendez, hâtez vos pas ;
Sauvez les hommes du trépas,
Secourez-nous, ne tardez pas.
          Venez, etc.

Ah ! désarmez votre courroux ;
Nous soupirons à vos genoux ;
Seigneur, nous n'espérons qu'en vous.
          Pour nous livrer la guerre
Tous les enfers sont déchaînés ;
          Descendez sur la terre.
          Venez, etc.

Que nous souffrons de maux divers !
L'affreux démon nous tient aux fers :
Il veut nous conduire aux enfers !
          Vous voyez l'esclavage
Où vos enfants sont condamnés ;
          Conservez votre ouvrage.
          Venez, etc.

Eclairez-nous, divin flambeau ;
Parmi les ombres du tombeau
Faites briller un jour nouveau.

Au plus cruel supplice
Nous auriez-vous abandonnés ?
Ah ! soyez-nous propice.
Venez , etc.

Que nos soupirs soient entendus ;
Les biens que nous avons perdus
Ne nous seront-ils point rendus ?
Voyez couler nos larmes ,
Grand Dieu ! Si vous nous pardonnez ,
Nous n'avons plus d'alarmes.
Venez , etc.

Si vous venez en cès bas lieux ,
Nous vous verrons victorieux,
Fermer l'enfer, ouvrir les cieux ;
Nous l'espérons sans cesse.
Les cieux nous furent destinés ;
Tenez votre promesse.
Venez , etc.

Ah! puissions-nous chanter un jour,
Dans votre bienheureuse cour,
Et votre gloire et votre amour !
C'est là l'heureux partage
De ceux que vous prédestinez ;
Donnez-nous-en le gage.
Venez , etc.

Nᵒ 45. — NOEL.

Sur l'air : J'entends là-bas dans la plaine.

1. Le ciel annonce avec gloire
   La naissance d'un roi nouveau ;
   Par un hymne de victoire
   Saluons le fils du Très-Haut :
   Gloria in excelsis Deo !

2. Bergers prenez vos musettes ,
   Laissez vos innocents troupeaux ;
   Chantons la fête des fêtes
   Sur nos rustiques chalumeaux :
   Gloria in excelsis Deo !

3. Etoile brillante et pure,
Nous suivons tes feux argentins ;
Vers le Dieu de la nature
Viens guider nos pas incertains :
Gloria in excelsis Deo !

4. Quel est ce profond mystère,
Jésus, le fils de l'Eternel,
Est né dans une chaumière !
Est-ce bien là le roi du ciel ?
Gloria in excelsis Deo !

5. Oui, la crèche d'une étable
Est la chaire où l'enfant Jésus
Prêche la doctrine aimable
Des plus héroïques vertus :
Gloria in excelsis Deo !

6· Il prêche dès sa naissance
Le mépris de la vanité,
L'amour de la pénitence,
La douceur et la charité :
Gloria in excelsis Deo !

7. Prosternons-nous en silence
Aux pieds de notre rédempteur,
Qui sous les pleurs de l'enfance
Voile son auguste grandeur :
Gloria in excelsis Deo.

8. Adorons avec les anges
Ce Dieu qui vient nous rendre heureux,
Réunissons nos louanges
A leurs concerts mélodieux :
Gloria in excelsis Deo !

9. Puissant maître du tonnerre,
Qui naissez pour nous en ce jour,
Au nom de toute la terre,
Nous vous jurons un tendre amour :
Gloria in excelsis Deo !

G*****.

No 46. — MÊME SUJET.

Musique du R. P. Lambillotte, *sur l'air* : Courbés au pied de ton
image, etc. (Chants à Marie, 2ᵉ partie, nº 50).

1. Salut! jour saint et vénérable,
La terre et la mer à la fois,
Fêtent ton lever mémorable,
Avec leur imposante voix :
Rompant les fers de l'esclavage,
Sortant de la nuit du tombeau,
Le monde entier va rendre hommage
A Jésus, à son Roi nouveau :

Chœur. Le ciel a comblé notre attente,
Jésus est né : Gloire au Très-Haut!
Suivons l'étoile étincelante,
Et courons tous à son berceau.

2. Le cèdre élevé des montagnes
Daigne s'abaisser en ce jour
Jusqu'à l'hysope des campagnes;
Dieu sollicite notre amour :
Le Verbe, substance du Père,
Vient de descendre parmi nous;
Né du sein d'une vierge-mère,
A Bethlem il nous attend tous.
    Le ciel a comblé...

5. La crèche d'une étable obscure
Est le trône mystérieux
Du souverain que l'Ecriture
Avait promis à nos aïeux :
Il n'a ni sceptre ni couronne
Pour régner sur l'humanité;
Il prend pour bases de son trône
La souffrance et l'humilité.
    Le ciel a comblé...

4. Pasteurs, adorez l'innocence
D'un Dieu si modeste et si doux;
Bientôt les rois en sa présence
Viendront s'incliner à genoux :
Malgré sa détresse profonde,
Ses larmes et sa nudité,

C'est lui qui jugera le monde
Au grand jour de l'éternité.
    Le ciel a comblé...

5. Pour confondre l'orgueil antique
Du dragon artificieux,
L'enceinte d'un portail rustique
Est le palais du Roi des cieux ;
Jésus est un Dieu charitable,
Né pour le salut des pécheurs ;
Portons à sa crèche adorable
Le tendre hommage de nos cœurs.
    Le ciel a comblé...

G*****.

N. 47. — MYSTÈRE DE LA PASSION.

Au sang qu'un Dieu va répandre,
Ah ! mêlez du moins vos pleurs,
Chrétiens, qui venez entendre
Le récit de ses douleurs.
Puisque c'est pour vos offenses
Que ce Dieu souffre aujourd'hui,
Animés par ses souffrances,
Vivez et mourez pour lui.

Dans un jardin solitaire
Il sent de rudes combats,
Il prie, il craint, il espère,
Son cœur veut et ne veut pas ;
Tantôt la crainte est plus forte,
Tantôt l'amour est plus fort :
Mais enfin l'amour l'emporte
Et lui fait choisir la mort.

Judas, que la fureur guide,
L'aborde d'un air soumis ;
Il l'embrasse... et ce perfide,
Le livre à ses ennemis.
Judas, un pécheur t'imite
Quand il feint de l'apaiser :
Souvent sa bouche hypocrite
Le trahit par un baiser.

On l'abandonne à la rage
De cent tigres inhumains ;
Sur son aimable visage
Les soldats portent leurs mains,
Vous deviez, anges fidèles,
Témoins de ces attentats,
Ou le mettre sous vos ailes,
Ou frapper tous ces ingrats.

Ils le traînent au grand prêtre,
Qui seconde leur fureur,
Et ne le veut reconnaître
Que pour un blasphémateur !
Quand il jugera la terre,
Ce Sauveur aura son tour ;
Aux éclats de son tonnerre
Tu le connaîtras un jour.

Tandis qu'il se sacrifie,
Tout conspire à l'outrager :
Pierre lui-même l'oublie,
Et le traite d'étranger ;
Mais Jésus perce son âme
D'un regard tendre et vainqueur,
Et met d'un seul trait de flamme
Le repentir dans son cœur.

Chez Pilate on le compare
Au dernier des scélérats !
Qu'entends-je, ô peuple barbare,
Tes cris sont pour Barabbas !
Quelle indigne préférence !
Le juste est abandonné ;
On condamne l'innocence,
Et le crime est pardonné.

On le dépouille, on l'attache,
Chacun arme son courroux.
Je vois cet agneau sans tache,
Tombant presque sous les coups.
C'est à vous d'être victimes,
Arrêtez, cruels bourreaux ;
C'est pour effacer vos crimes
Que son sang coule à grands flots.

Une couronne cruelle
Perce son auguste front :
A ce chef, à ce modèle,
Mondains, vous faites affront.
Il languit dans les supplices,
C'est un homme de douleurs ;
Vous vivez dans les délices,
Vous vous couronnez de fleurs.

Il marche, il monte au Calvaire,
Chargé d'un infâme bois.
De là, comme d'une chaire,
Il fait entendre sa voix :
Ciel, dérobe à ta vengeance
Ceux qui m'osent outrager.
C'est ainsi, quand on l'offense
Qu'un chrétien doit se venger.

Une troupe mutinée
L'insulte et crie à l'envi :
Qu'il change sa destinée
Et nous croirons tous en lui !
Il peut la changer sans peine
Malgré vos nœuds et vos clous ;
Mais le nœud qui seul l'enchaîne,
C'est l'amour qu'il a pour nous.

Ah ! de ce lit de souffrance,
Seigneur, ne descendez pas :
Suspendez votre puissance,
Restez-y jusqu'au trépas.
Mais tenez votre promesse,
Attirez-nous après vous ;
Pour prix de votre tendresse
Puissions-nous y mourir tous.

Il expire, et la nature
En lui pleure son auteur ;
Il n'est point de créature
Qui ne marque sa douleur.
Un spectacle si terrible
Ne pourra-t-il me toucher,
Et serai-je moins sensible
Que n'est le plus dur rocher ?

No 48. — TRIOMPHE DE LA CROIX.

Vive Jésus, vive sa Croix !
N'est-il pas bien juste qu'on l'aime,
Puisqu'en expirant sur ce bois,
Il nous aima plus que lui-même !
Chrétiens, chantons à haute voix :
   Vive Jésus, vive sa Croix !   } bis.

   Vive Jésus, vive sa Croix !
Le Seigneur l'ayant épousée,
Elle n'est plus comme autrefois,
Un objet d'horreur, de risée.
   Chrétiens, etc.

   Vive Jésus, vive sa Croix !
Arbre dont le fruit salutaire
Répare le mal qu'autrefois
Fit le péché du premier père.
   Chrétiens, etc.

   Vive Jésus, vive sa Croix !
C'est l'étendard de la victoire ;
Par elle il nous donna ses lois,
Par elle il entra dans sa gloire.
   Chrétiens, etc.

   Vive Jésus, vive sa Croix !
De tous nos biens source féconde,
Qui dans le sang du Roi des rois
A lavé les péchés du monde.
   Chrétiens, etc.

   Vive Jésus, vive sa Croix !
La chaire de son éloquence,
Où me prêchant ce que je crois ;
Il m'apprend tout par son silence.
   Chrétiens, etc.

   Vive Jésus, vive sa Croix !
Ce n'est plus le bois que j'adore,
Mais c'est mon Sauveur sur ce bois
Que je révère et que j'implore.
   Chrétiens, etc.

   Vive Jésus, vive sa Croix !
Prenons-la pour notre partage ;

Ce juste, cet aimable choix
Conduit au céleste héritage.
Chrétiens, chantons à haute voix :
  Vive Jésus, vive sa Croix !   } *bis.*

Nᵒ 49. — INVOCATION A JÉSUS ET A SA CROIX.

  Puissant Roi des rois
Mort pour moi sur le Calvaire,
  Du haut de ce bois
Daigne entendre ma faible voix.
Viens, viens me couvrir de ta croix,
  Ombre salutaire,
Espoir de tout le genre humain,
  Rempart du chrétien,
    Viens, viens, viens.

  O Dieu rédempteur,
Prends pitié de notre France (enfance) ;
  O divin Sauveur,
Sois mon père et mon protecteur :
Viens mettre le calme en mon cœur,
  O notre espérance !
Jésus, sois mon unique bien
  Et notre soutien !
    Viens, viens, viens.

  Sauve-moi : sans toi,
Sans toi je cesserais d'être ;
  Mon cœur et ma foi
Seront fidèles à ta loi.
Viens, tu seras toujours mon roi,
  Notre unique maître.
Tu seras toujours mon soutien
  Et notre vrai bien :
    Viens, viens, viens.

  Croix du Dieu sauveur,
O trésor inépuisable !
  Source de bonheur,
Reçois l'hommage de mon cœur.

Viens me combler de tes faveurs
O croix adorable,
Et sois l'appui du vrai chrétien,
Aimable soutien :
Viens, viens, viens.

N° 50. — DÉVOUEMENT A MARIE.

Mère de Dieu, quelle magnificence
Orne aujourd'hui cet auguste séjour !
C'est en ces lieux que mon heureuse enfance
Vint à tes pieds te vouer son amour.
Tendre Marie !
O mon bonheur !
Toujours chérie,
Tu vivras dans mon cœur.   } bis.

O mon refuge, ô ma reine ! ô ma mère !
Combien sur moi tu verses de bienfaits !
Combien de fois, dans ce doux sanctuaire,
Mon triste cœur a retrouvé la paix !
Tendre Marie ! etc.

Mon œil à peine avait vu la lumière
Et ton amour veillait sur mon berceau ;
Tous mes instants, ô mon aimable mère,
Furent marqués par un bienfait nouveau.
Tendre Marie ! etc.

Anges, soyez témoins de ma promesse !
Cieux, écoutez ce serment solennel :
« Oui, c'en est fait, mon cœur plein de tendresse,
« Jure à Marie un amour éternel. »
Tendre Marie ! etc.

Si je pouvais, infidèle et volage,
Un seul instant cesser de te chérir,
Tranche mes jours à la fleur de mon âge,
Je t'en conjure, ah ! laisse-moi mourir.
Tendre Marie ! etc.

No 51. — SAINT NOM DE MARIE.

Sur l'air : C'est le nom de Marie...

Chœur.
Offrons tous à Marie
Nos plus joyeux concerts,
Que leur douce harmonie
Résonne dans les airs.

1. Marie est notre mère,
   Elle est notre bonheur ;
   Que partout l'on révère
   Sa gloire et sa grandeur !
   Offrons tous...

2. Marie est notre reine,
   Nous voulons chaque jour,
   A notre souveraine
   Consacrer notre amour.
   Offrons tous...

3. Marie est l'espérance
   Et l'appui du chrétien,
   Jamais à sa clémence
   On n'eut recours en vain.
   Offrons tous...

4. Elle efface la rose
   En fraîcheur, en beauté ;
   Elle est l'arche où repose
   L'esprit de charité.
   Offrons tous...

5. Auguste impératrice,
   Du royaume des cieux,
   Que votre doux service
   Nous est délicieux !
   Offrons tous...

6. Permettez que je meure,
   Oui, j'aime mieux mourir,
   Si je dois vivre une heure
   Sans vous appartenir !
   Offrons tous...

7. O saint nom de Marie
   Soyez notre trésor ;
   Trésor pendant la vie,
   Trésor à notre mort.
   Offrons tous...

G*****.

No 52. — MÊME SUJET.

D'une mère chérie
Célébrons la grandeur ;
Consacrons à Marie
Et nos voix et nos cœurs.

Refrain.

De concert avec l'ange,
Quand il la salua,
Disons à sa louange
Un *Ave Maria.*

Modeste créature,
Elle plut au Seigneur ;
Et Vierge toujours pure
Enfanta le Sauveur.
De concert, etc.

Nous étions la conquête
Du tyran des enfers ;
En écrasant sa tête
Elle a brisé nos fers.
De concert, etc.

Que l'espoir se relève
Dans nos cœurs abattus ;
Par cette nouvelle Eve
Les cieux nous sont rendus.
  De concert, etc.

O Marie, ô ma mère,
Prenez soin de mon sort :
C'est en vous que j'espère
A la vie, à la mort.
  De concert, etc.

O céleste lumière,
O source de bonheur,
Exaucez la prière
Que vous offre mon cœur.
  De concert, etc.

Obtenez-nous la grâce,
A notre dernier jour,
De vous voir face à face
Au céleste séjour.
  De concert, etc.

N° 53. — ÉTOILE DE LA MER.

Musique du R. P. LAMBILLOTTE, *sur l'air* : Salut, ô Vierge immaculée.

1. Salut ! ô divine Marie,
  Salut ! brillant astre des mers ;
  Ta beauté n'est jamais flétrie,
  Ta douceur charme l'univers.

Chœur.
De tes enfants reçois l'humble prière,
Reine de cieux protége-nous toujours ;
Jamais mortel, ô douce et tendre mère,
N'a vainement imploré ton secours.

2. Flambeau lumineux et propice,
  Ta clarté luit de toutes parts
  Pour nous montrer le précipice
  Que l'enfer voile à nos regards.
    De tes enfants...

3. En traits de feu, Vierge céleste,
  Ton nom dans nos cœurs est écrit,
  Tu fis cesser l'arrêt funeste
  Lancé sur le monde proscrit.
    De tes enfants...

4. Protectrice compatissante,
  Notre avocate au Paradis,
  Par toi notre prière ardente
  Arrive au trône de ton fils.
    De tes enfants...

5. Ouvre-nous tes bras secourables,
  Enflamme-nous de charité,

Donne-nous les vertus aimables
De douceur et de pureté.
De tes enfants...

6. Du terrestre pélerinage
Quand luira donc le dernier jour?
Quand au port du saint héritage
Irons-nous t'offrir notre amour?
De tes enfants...

G*****.

Nº 54. — HYMNE DE SAINT CASIMIR.

Musique du R. P. LAMBILLOTTE, *sur l'air :* Unis aux concerts des anges
(Chants à Marie, 2ᵉ partie, nº 12).

1. Accourez saintes phalanges,
Venez unir en ce jour,
Vos concerts et vos louanges
A nos cantiques d'amour.

Chœur.
O Marie,
Sois bénie
Sur la terre et dans les cieux ;
Que sans cesse
L'on s'empresse
De t'implorer en tous lieux !

2. Dans ton divin sanctuaire,
O mère de notre Roi,
Sur l'aile de la prière
Nous voudrions voler vers toi.
O Marie...

3. Loin de la sainte patrie
L'exil retient tes enfants ;
Nous ne pouvons dans la vie
Que te bénir par nos chants.
O Marie...

4. Nous célébrons ta puissance,
Nous célébrons ta douceur ;
A-t-on vu plus de clémence
Unie à tant de grandeur !
O Marie...

5. Fut-il un cri de détresse,
   Un soupir, une douleur
   Que tu n'aies avec tendresse
   Consolé par le bonheur !
      O Marie...

6. Lorsque l'enfer en délire
   Ose s'élancer sur nous,
   Du haut du céleste empire
   Tu désarmes son courroux.
      O Marie...

7. Puisque sa main tutélaire
   Nous combla de ses bienfaits,
   Faisons le serment sincère
   De l'honorer à jamais.
      O Marie...

8. Oui, Marie, avec constance
   Nous jurons de te servir ;
   Sous ta noble dépendance
   Nous voulons vivre et mourir,
      O Marie...

9. Belles fleurs à peine écloses
   Qui brillez sur son autel,
   Sur le doux parfum des roses
   Portez-lui nos vœux au ciel.
      O Marie...

10. Daigne toujours, ô Marie,
    Verser sur nous tes faveurs ;
    De ta main, Vierge chérie,
    De vertus pare nos cœurs.
       O Marie...

11. Puissions-nous sous tes auspices
    Entrer dans l'éternité,
    Et faire au ciel nos délices
    De contempler ta beauté.
       O Marie...

G*****.

Nº 55. — SALVE REGINA.

Musique du R. P. Lambillotte, *sur l'air* : Les enfants sur qui chaque
jour, etc... (Chants à Marie, 2ᵉ partie nº 27).

1. Salut ! auguste Impératrice
   Du royaume des bienheureux,
   Salut ! noble dispensatrice
   De toutes les grâces des cieux.

Chœur.
   Dans ce triste séjour de larmes,
   Avec bonté vous essuyez nos pleurs
   Et vous daignez, Vierge pleine de charmes,
   Nous combler de vos faveurs,
   Toujours *(ter)* de vos faveurs.

2. Vous êtes ma seule espérance,
   Mon seul appui dans le malheur ;
   En invoquant votre clémence
   J'ai retrouvé la paix du cœur.
   Dans ce triste...

3. Loin de la céleste patrie
   Je suis dans un exil cruel ;
   A chaque moment de la vie
   Tous mes soupirs s'en vont au ciel.
   Dans ce triste...

3. Puissante avocate Marie
   Nous avons tous recours à vous,
   Jetez sur nous, Vierge chérie,
   Un seul de vos regards si doux.
   Dans ce triste...

5. Quand franchirai-je la barrière
   Qui me sépare des Élus !
   Quel jour mon âme prisonnière
   Vous verra-t-elle avec Jésus !
   Dans ce triste...

6. Après l'eau vive et jaillissante
   Le cerf soupire avec ardeur ;
   Ainsi mon âme languissante
   Aspire au céleste bonheur.
   Dans ce triste...

G*****.

N° 56. — FÊTE DE MARIE.

Musique du R. P. Lambillotte, *sur l'air :* Je la verrai cette mère chérie... (Chants à Marie, 2e partie n° 44).

1. Pour célébrer sa glorieuse fête
   Marie appelle aujourd'hui ses enfants :
   A la bénir que notre voix s'apprête,
   Publions tous sa gloire dans nos chants.

Chœur. { Jeunesse chérie
         Que nos vœux
         Montent vers Marie
         Dans les cieux.

2. Dans votre sein, Vierge aimable et féconde,
   S'est incarné le fils de l'Eternel ;
   Vous étiez pure en venant dans ce monde
   Plus que les saints quand ils entrent au ciel.
       Jeunesse chérie...

3. D'un tendre lis la beauté séduisante
   Charme nos yeux par sa pure blancheur ;
   De vos vertus la grâce ravissante
   Charme à jamais le divin Créateur.
       Jeunesse chérie...

4. Adieu ! Marie, adieu ! pleine de grâce,
   En vous voyant que nous serons heureux !
   Reine du ciel votre beauté surpasse
   L'astre du jour dans son éclat pompeux.
       Jeunesse chérie...

6. Auprès de Dieu, Souveraine chérie,
   Priez pour nous infortunés pécheurs ;
   Et quand viendra le terme de la vie
   Recevez-nous dans vos bras protecteurs.
       Jeunesse chérie...

G*****.

N° 57. — LES ENFANTS DE MARIE.

Musique du R. P. Lambillotte, *sur l'air :* O mère chérie, place-moi... (Chants à Marie, 2e partie n° 47).

Chœur. { Amour de Marie,
         Ta douceur,
         Fera toute la vie
         Mon bonheur.

3*

1. Non, non, l'enfer n'aura pas la victoire
Et nous serons à jamais triomphants;
Notre bannière est celle de la gloire;
Marie au ciel veille sur ses enfants.
    Amour de Marie...

2. Tendre Marie, une pure allégresse
De vos enfants soutient la noble ardeur;
Auprès de vous l'importune tristesse
N'ose troubler la paix de notre cœur.
    Amour de Marie...

3. Sans votre appui qu'une âme est malheureuse !
A chaque pas le monde offre un danger,
Et sur les flots de la vie orageuse
Si ce n'est vous qui peut la protéger !
    Amour de Marie...

4. Un cœur chrétien peut-il, bonne Marie,
Sans être à vous palpiter un moment !
Comment passer un instant de la vie
Sans vous aimer et servir tendrement !
    Amour de Marie...

5. Le temps s'enfuit d'une rapide course,
La mort étend son vol précipité;
Mais dans le ciel Marie est ma ressource
Et m'obtiendra l'heureuse éternité.
    Amour de Marie...

G*****.

N° 58. — LA BANNIÈRE DE MARIE.

Musique du R. P. LAMBILLOTTE, *sur l'air :* Quel bruit soudain se fait entendre? (Chants à Marie, 2e partie n° 40).

1. Contre la foi quel cri de guerre
A retenti dans l'univers?
Le sombre tyran des enfers
Veut-il être roi de la terre ?
Le monde, aveugle et criminel,
Partageant son affreux délire,
Veut-il combattre l'Eternel
Et secouer son doux empire ?

Chœur pour voix d'hommes. { Chrétiens ! devenons tous soldats ,
Offrons vaillamment notre vie ;
Marchons ! et portons aux combats
Notre bannière de Marie.

2. Lucifer avec arrogance
Ose ordonner de le servir ;
Nous lui refusons d'obéir,
Vierge soyez notre défense !
S'il vient enflammé de courroux ,
Nous ne craignons pas sa furie :
Marchons ! déployons devant nous
Notre bannière de Marie.
    Chrétiens ! devenons...

3. Le monde paré de ses charmes
Voudrait captiver notre cœur ;
Il nous convie à son bonheur,
Mais il ne donne que des larmes !
Non , non , chrétiens, n'écoutons pas
Cet ennemi qui nous convie ,
Il veut arracher de nos bras
Notre bannière de Marie.
    Chrétiens ! devenons...

4. Vierge , qu'il est beau le partage
Des enfants qui te sont soumis !
Contre tes lâches ennemis
Tu fais triompher leur courage.
Nous irons un jour à tes pieds
Porter dans la sainte patrie ,
Couverte d'immortels lauriers ,
Notre bannière de Marie.
    Chrétiens ! devenons...

G*****.

N° 59. — A NOTRE-DAME-DES-VICTOIRES.

Musique du R. P. Lambillotte, *sur l'air :* Faibles mortels que l'espérance... (Chants à Marie , 2ᵉ partie n° 41).

1. Ton doux amour, Reine des anges ,
Vivra toujours dans notre cœur,
Célébrer tes saintes louanges
Fait ici-bas notre bonheur.

Vierge d'éternelle mémoire
Que ton nom soit toujours loué !
Aux chrétiens ton bras dévoué.
Nous conduit jusqu'au ciel de victoire en victoire.

Chœur

Aux pieds de ton autel nous jurons en ce jour,
Tendre mère,
De te plaire,
Et pour la vie entière
Nous t'offrons notre amour;
Oui, Marie,
Pour la vie
Nous te donnons notre cœur sans retour.

2. Sous tes auspices, ô Marie,
Pouvons-nous craindre le danger ?
Dans tous les périls de la vie
Ta main daigne nous protéger :
C'est en vain que Satan travaille
A rassembler nos ennemis,
Tu domptes l'enfer insoumis,
Ton regard met en fuite une armée en bataille.
Aux pieds...,

3. Esclaves d'un monde frivole
Qu'il vous en coûte de soupirs
Pour encenser la vile idole
De vos capricieux désirs!
Secouez la pesante chaîne
Qui vous tient en captivité,
Poussez un cri de liberté!
Et venez avec nous chanter à notre reine :
Aux pieds...

4. Pourquoi vantes-tu tes malices,
O tentateur insidieux,
Crois-tu par tes noirs artifices
Nous ravir la palme des cieux?
En nous confiant sa bannière
Marie a reçu nos serments :
Guerre éternelle à nos tyrans !
Guerre au monde, à l'enfer, amour à notre mère.
Aux pieds...

G*****.

Nº 60. — TRIOMPHE DE MARIE.

Sur l'air de l'Eglise : O vos ætherei plaudite cives.

1. Qu'en ce jour glorieux
   Le ciel répète
Ses chœurs victorieux,
   Ses chants de fête ;
Jésus entre ses bras,
   Reçoit Marie,
Qui monte d'ici-bas
   Vers sa patrie.

2. Que de trésors divers
   Jésus te donne !
Sous tes pieds l'univers
   Te sert de trône ;
S'il revêtit ta chair
   Ce Dieu suprème,
Il te fait de l'éclair
   Un diadème !

3. Si de ton chaste sein,
   Vierge féconde,
Le Verbe trois fois saint
   Naquit au monde;

S'il voulut de ton sang
   Pour se faire homme,
Tu tiens le premier rang,
   Dans son royaume !

4. Pour nous quelle faveur,
   Auguste Reine,
Que tu sois du pécheur
   La souveraine ;
Ta voix, un simple vœu
   Nous font absoudre,
Tu viens après le Dieu
   Qui tient la foudre !

5. Au ciel que tu remplis
   De ta lumière,
Présente à ton cher fils
   Notre prière ;
Sois à l'instant fatal
   Notre refuge
Devant le tribunal
   De notre juge !

G*****.

Nº 61. — MÊME SUJET.

Triomphez, Reine des cieux,
A vous bénir que tout s'empresse :
Triomphez, Reine des cieux,
Dans tous les temps, dans tous les lieux.
   Que l'amour nous prête,
   Dans ce jour de fête,
   Que l'amour nous prête
   Ses plus doux accords,
Et que notre voix s'apprête
A seconder ses efforts.
   Triomphez, etc.

Célébrons en ce saint jour
Les vertus de l'humble Marie,

Célébrons en ce saint jour
Et ses bienfaits et son amour.
Sans cesse enrichie
Jeunesse chérie,
Sans cesse enrichie
Des plus heureux dons ;
C'est de la main de Marie,
Enfants, que nous les tenons.
Triomphez, etc.

Qu'à jamais de ses faveurs
Nous sachions bénir notre mère,
Qu'à jamais de ses faveurs
Le souvenir charme nos cœurs.
Ravis de lui plaire
Le ciel et la terre,
Ravis de lui plaire
Chantent ses bienfaits ;
Vos enfants, ô tendre mère,
Vous oublieraient-ils jamais ?
Triomphez, etc.

Achevez notre bonheur,
Comblez notre reconnaissance ;
Achevez notre bonheur
Et gravez en nous votre cœur.
Guidez de l'enfance
Par votre puissance,
Guidez de l'enfance
Les pas chancelants ;
Et que l'aimable innocence
Couronne nos derniers ans.
Triomphez, etc.

N° 62. — CONSÉCRATION A MARIE.

Musique du R. P. Lambillotte, *sur l'air* : Douce Reine vierge Marie.
(Chants à Marie, 2e partie n° 35).

1. Dans son aimable sanctuaire
Célébrons la Reine du ciel,
Offrons en ce jour solennel
Nos cœurs à notre tendre mère.

Chœur.
> Accourez célestes phalanges,
> Sortez de vos brillants palais,
> Unissons nos saintes louanges,
> Chantons Marie et ses bienfaits.

2. Sur le plus élevé des trônes,
Marie, entre les bienheureux,
Ton diadème radieux
Domine toutes les couronnes.
 · Accourez...

3. Tu ne te sers de ta puissance
Que pour nous assurer les cieux ;
Et l'univers chante en tous lieux
Les prodiges de ta clémence.
Accourez...

4. Satan d'une main furibonde
Menace en vain tes serviteurs ;
Ton bras nous rend toujours vainqueurs
De ce lâche ennemi du monde.
Accourez...

5. Depuis que ta noble largesse
Répand sur nous mille faveurs,
Tu ne demandes que nos cœurs
Pour prix de ta douce tendresse.
Accourez...

6. A ton autel, vierge Marie,
Accepte nos serments d'amour ;
Nous le jurons tous en ce jour
Nos cœurs sont à toi pour la vie.
Accourez...

G*****.

N° 63. — MÊME SUJET.

Vierge Marie
Daigne sourire à tes enfants ;
Mère chérie
Reçois leurs chants.
Ah ! nous te consacrons les jours de notre vie,
Daigne en bénir tous les instants ;
Et d'âge en âge,
Pour toi nos vœux toujours croissants,

Seront le gage
De nos serments.

T'aimer sans cesse,
Auguste Reine de mon cœur,
T'aimer sans cesse
Quelle douceur !
Tu souris à mes vœux ; ce signe de tendresse
Bannit la crainte et la douleur :
Il est le gage
De ton amour pour le pécheur
Et le présage
De son bonheur.
Vierge Marie, etc.

En vain le monde
Prétend m'engager sous sa loi,
En vain il gronde,
Je suis à toi.
Oui, c'est sur ton appui que mon espoir se fonde,
Ma tendre mère, ah ! soutiens-moi ;
Toujours fidèle,
A toi seule mon cœur sera,
Et sous ton aile
Reposera.
Vierge Marie, etc.

Nº 64. — CANTIQUE A SAINT JOSEPH.

Musique du R. P. LAMBILLOTTE, *sur l'air* : Heureux enfants d'une mère chérie… (Chants à Marie, 2ᵉ partie nº 3).

1. Saints messagers du royaume céleste
Présidez nos concerts pieux,
Chantons Joseph, chantons l'époux modeste
De l'auguste Reine des cieux :
Noble époux de Marie,
Heureux protecteur de Jésus,
L'éternelle patrie
Célèbre à jamais tes vertus ;
Toute la terre
Chante et révère
Ton innocence et tes grandeurs ;
A ta prière,
O tendre père,
Le ciel nous comble de faveurs.

Chœur {

2. Sur tes genoux, Joseph, avec tendresse
   Tu carressas Jésus naissant;
   Et le Sauveur pour prix d'une caresse
   T'offrait un sourire innocent.
       Noble époux...

3. Un roi jaloux dans sa fureur cruelle
   Poursuivait Jésus dans tes bras ;
   Tu méritas la faveur immortelle
   De sauver ton Dieu du trépas.
       Noble époux...

4. Quand tu perdis cet enfant plein de charmes
   Quelle ne fut pas ta douleur !
   Quels doux transports bannirent tes alarmes
   Quand tu le pressas sur ton cœur !
       Noble époux...

5. Les bienheureux au terme de la vie
   Vont posséder Jésus au ciel ;
   Tu possédais Jésus avec Marie,
   Joseph, dans ton exil mortel !
       Noble époux...

6. Nul souverain n'atteindra sa puissance,
   Joseph fut le plus grand des rois :
   Il vit un Dieu se soumettre en silence
   Au doux empire de ses lois.
       Noble époux...

7. Veille sur nous, ô patriarche aimable,
   Père adoptif du Rédempteur ;
   Protége-nous au moment redoutable
   De rendre l'âme au Créateur !
       Noble époux...

G*****.

N° 65. — CANTIQUE A SAINT LOUIS DE GONZAGUE.

Musique du R. P. Lambillotte, *sur l'air* : Je la verrai... (Chants à
Marie, 2ᵉ partie n° 44).

1. Les doux rayons de la naissante aurore
   Ont dépouillé la nuit de son manteau,
   Des feux du jour l'univers se colore,
   Jour de Louis que ton lever est beau !

Chœur.
{ A l'ami des anges,
A Louis,
Offrons nos louanges
Et des lis.

2. Dans le berceau ton gracieux visage
Resplendissait au saint nom de Jésus,
Et la sagesse en toi prévenant l'âge
Ornait ton cœur des plus saintes vertus.
A l'ami des anges...

3. Heureux Louis, dès la plus tendre enfance
Aimer Marie était ton doux bonheur,
Aussi jamais ta robe d'innocence
Ne vit flétrir sa brillante blancheur.
A l'ami des anges...

4. Il arriva le grand jour de la vie
Où tu t'assis au plus beau des festins,
En contemplant la sainte Eucharistie
Tu t'enflammais comme les séraphins.
A l'ami des anges...

5. En vain le monde environné de charmes
T'offrait l'appât de séduisants plaisirs,
Son faux bonheur faisait couler tes larmes
Et vers les cieux s'envolaient tes soupirs.
A l'ami des anges...

6. Foulant aux pieds toute gloire éphémère
Tu désertas la cour des souverains,
De Loyola tu suivis la bannière
Pour triompher un jour avec les saints.
A l'ami des anges...

7. Ton cœur brûlant d'un amour séraphique
N'aspirait plus qu'au bonheur des élus.
Combien de fois dans son zèle héroïque
N'offrit-il pas tout son sang à Jésus!
A l'ami des anges...

8. Le ciel sourit, Louis, à ta prière,
Honneur à toi, martyr de charité!
Ton premier pas dans la noble carrière
Reçoit le prix de l'immortalité!
A l'ami des anges...

9. Humble Louis quelle gloire céleste
   A couronné ton front victorieux !
   Tu fus soumis, fervent, chaste, modeste,
   Et désormais tu règnes dans les cieux !
   A l'ami des anges...

10. Pour son patron la jeunesse chrétienne,
    Heureux Louis, t'a choisi dans le ciel ;
    Nous combattons après toi dans l'arène,
    Assure-nous le triomphe éternel.
    A l'ami des anges...

G*****.

N° 66. — CANTIQUE A SAINTE GRACIEUSE.

Mus. du R. P. Lambillotte, *sur l'air* : Les enfants sur qui chaque jour
S'épanchent de ta main bénie.
(Chants à Marie, 2e partie n° 27).

1. Accourez jeunesse pieuse,
   Entonnons de joyeux concerts,
   Que le doux nom de Gracieuse
   Résonne en ce jour dans les airs.

Chœur. {
Salut ! notre aimable patronne,
Reçois nos fleurs sur ton auguste autel ;
Sois à jamais l'Ange de Carcassonne,
Protége-nous toujours au ciel,
Protége-nous toujours, toujours au ciel.

2. Gracieuse, dès ton enfance,
   Tu juras amour au Seigneur,
   Tu ne chéris que l'innocence,
   Dieu seul fut maître de ton cœur.
   Salut !

3. Fidèle aux serments du baptême
   Le monde en vain brille à tes yeux,
   Tu n'avais qu'un désir suprême
   Celui de t'envoler aux cieux.
   Salut !

4. Ton amour de l'Eucharistie
   Charmait le Dieu de l'univers,
   De ta céleste modestie
   Satan frémissait aux enfers.
   Salut !

5. Le peuple payen t'environne,
   Arme-toi de fidélité :
   Choisis... la mort et la couronne
   Promise à la virginité !
     Salut !

6. Le lis dès l'aube matinale
   Brille d'un éclat enchanteur ;
   Le soir une brise fatale
   A moissonné la tendre fleur.
     Salut !

7. Gracieuse, toute embellie
   Des charmes de la sainteté,
   Expire au printemps de la vie
   Sous le fer de l'impiété.
     Salut !

8. Le jour du glorieux supplice
   Fut pour toi le jour le plus beau,
   Teinte du sang du sacrifice
   Tu souris au cruel bourreau.
     Salut !

9. Ton âme innocente et candide
   S'envole au séjour immortel
   Sur l'aile brillante et rapide
   Des messagers de l'Eternel.
     Salut !

10. Au sein du bienheureux empire
    Daigne pour nous prier Jésus ;
    Obtiens-nous, illustre martyre,
    D'imiter tes belles vertus.
      Salut !

11. De nos jours, le siècle volage,
    Conspire contre notre foi ;
    Obtiens-nous le ferme courage
    D'être fidèles comme toi.
      Salut !

G*****.

No 67. — CANTIQUE A SAINT VINCENT DE PAUL.

Traduction de la Prose : Virum misericordiæ... de la Messe du Saint.

Musique du R. P. Lambillote, *sur l'air* : Chrétiens qui combattous aujourd'hui sur la terre... (Chants à Marie, 2e partie no 39).

1. Célébrons ce beau jour par un chant mémorable,
Chantons Vincent de Paul, le héros immortel ;
Chantons l'homme de Dieu, le Pasteur charitable
Qui protége la France aujourd'hui dans le ciel.

Chœur.
{ Au séjour brillant de la gloire,
Vincent sourit aux malheureux ;
Bénissons sa mémoire
Par nos concerts pieux. *ter.*

2. Esclave malheureux sur la terre infidèle,
Le corsaire à Tunis admirait ta douceur.
Et ton maître abjurant son erreur criminelle,
Confessa comme toi le saint nom du Seigneur.
Au séjour brillant...

3. Tu seras à jamais l'honneur du sacerdoce,
O vigilant Pasteur du troupeau de Jésus ;
Ton zèle apostolique abattit le colosse
De l'antique ignorance et des récents abus.
Au séjour brillant...

4. Quand tu pouvais briller à la première place,
Vivre dans l'opulence à l'abri des rivaux,
Tu n'habitas toujours, comme l'homme en disgrâce,
Que les sombres prisons, les champs, les hôpitaux.
Au séjour brillant...

5. Nés de parents cruels, lâches et parricides,
Mille enfants expiraient sans trouver un berceau ;
Ta main fit élever mille palais splendides
Pour leur fermer à tous les portes du tombeau.
Au séjour brillant...

6. Grâce à Vincent de Paul, le malade en détresse
Ne sera plus privé d'un salutaire appui ;
Grâce à Vincent de Paul, l'indigente vieillesse
N'aura plus à languir dans un fatal oubli.
Au séjour brillant...

7. Ne vous lamentez plus, petites orphelines,
   Vos malheurs ne sont pas sans remède ici-bas ;
   Vincent de Paul, brûlé par les flammes divines,
   Veillera sur vos jours, accourez dans ses bras.
      Au séjour brillant...

8. Sœurs de Vincent de Paul, allez de votre père
   Eterniser partout l'auguste souvenir ;
   Parcourez mille fois tous les coins de la terre,
   Pour trouver comme lui des pauvres à servir.
      Au séjour brillant...

9. Paisibles habitants des lointaines campagnes,
   Le grand Vincent de Paul vous portait dans son cœur ;
   Et ses Fils vont encor visiter vos montagnes,
   Pour vous guider toujours vers l'éternel bonheur.
      Au séjour brillant...

10. Protecteur du Clergé, notre Eglise de France
    Ne te doit-elle pas sa récente splendeur ?
    Ton nouveau séminaire, asile de science,
    N'est-il pas une école où fleurit la ferveur ?
       Au séjour brillant...

11. Modèle des Pasteurs, ta charité féconde,
    Du Dieu que nous servons nous peint l'immensité ;
    Ses nombreux monuments embellissent le monde,
    Nous les verrons durer jusqu'à l'éternité.
       Au séjour brillant...

FIN.

TABLE ALPHABÉTIQUE

DES CANTIQUES.

FIN DE LA TABLE.

Carcassonne, imprimerie de P. Polère.